◦名前◦

女子力アップのコツ

女子力は、だれにでも上げられるよ。
最初に必要なのは女子力を上げたいという気持ちだけ！

女子力アップ サクセスストーリー

女子力とはかわいく、おしゃれになるための力。また、外見だけではなく、心も美しく、気づかいができる力のこと。女子力のある子はとってもミリョク的♥

自分をかわいく
プロデュース
する

↓

自分を
好きになれると、
自信がもてる

↓

毎日、
笑顔ですごせる
ようになる

↓

まわりの人に
好かれる

↓

もっとかわいく なれる！

女子力に終わりはないよ。
どんどんかわいくなろっ♪

いっしょに
がんばろっ

この本では女子力をアップするための4つのレッスンを紹介するよ。

自分を知る

あなたには、あなたの女子力の上げ方があるよ。自分に合ったおしゃれを見つけるためにも、まずは自分と向きあってみよう。

＼おうえんするよ！／

学校コーデ＆ヘアアレをきわめる

着まわし力とヘアアレンジ力を高めて、学校に行く服装や髪型から女子力を高めてね★ 最初からうまくできる人なんていないよ。**失敗の数だけかわいくなれる！**

シーンでおしゃれを考える

行く場所や季節、いっしょにすごす人などによって、かわいいおしゃれは変わるよ。**シーンに合わせたお**しゃれを楽しんでね。

体のなやみをなくす

体のなやみはコンプレックスになりやすいもの。思春期の体はどんどん変化するよ。**正しい知識を身につけ**てなやみなんてふきとばそう！

本のとちゅうに、あなたがかきこめるページがあるよ。
女子力を高めるためにぜひ活用してね！

もくじ

レッスン1 自分のタイプを知ろう★

- マンガ 自分に合うものって? ……… 14
- おすすめコーデをチェック! ……… 16
  - 診断結果 ……… 19
    - A 夢見るラブリースウィート ……… 20
    - B はじけるハデ色パンキッシュ ……… 22
    - C 等身大 モテ姉カジュアル ……… 24
    - D ラフかっこいい海外スタイル ……… 26
    - E セクシー小悪魔キューティー ……… 28

- 顔の形でわかる おすすめヘアスタイル ……… 30
  - チェック!! あなたの顔型はどれ? ……… 32
  - 丸型のあなたにおすすめのヘア ……… 34
  - たまご型のあなたにおすすめのヘア ……… 35
  - 面長型のあなたにおすすめのヘア ……… 36
  - 四角形&ホームベース型のあなたにおすすめのヘア ……… 37
  - 逆三角形型のあなたにおすすめのヘア ……… 38

- 運気アップカラー&柄がわかる! あなたのオモテ・ウラ診断 ……… 39
  - 診断結果 ……… 41
    - ①が多かったあなたのオモテとウラ ……… 42
    - ②が多かったあなたのオモテとウラ ……… 44
    - ③が多かったあなたのオモテとウラ ……… 46
    - ④が多かったあなたのオモテとウラ ……… 48
    - 多い番号がなかったあなたのオモテとウラ ……… 50

レッスン2 学校でのおしゃれ1週間

マンガ マンネリコーデ脱出 …… 58

1週間の着まわしアイテム8 …… 60

ヘアアレ基本のアイテム …… 61

ヘアアレンジの前に …… 62

月曜日のはつらつコーデ …… 64
基本のヘアアレ ふたつ結び …… 65
長さ別 ふたつ結びアレンジ …… 66

- ショート おちゃめツイン
- ミディアム ふわふわツイン
- ロング 毛先くるりんツイン

火曜日のガーリーコーデ …… 68
基本のヘアアレ みつあみ …… 69
長さ別 みつあみアレンジ …… 70

- ショート ガーリーあみこみヘア
- ミディアム ランクアップおさげヘア
- ロング アクティブみつあみ

水曜日のきちんとコーデ …… 72
基本のヘアアレ ポニーテール …… 73
長さ別 ポニーテールアレンジ …… 74

- ショート なんちゃってポニテ
- ミディアム 大人くるりんポニテ
- ロング ふんわりカールポニテ

木曜日のさわやかコーデ……76
基本のヘアアレ おだんご……77
長さ別 おだんごアレンジ……78

 ショート ミニおだんご

ミディアム ツインおだんご

 ロング お姉さん風 変わりおだんご

金曜日のクラシカルコーデ……80
基本のヘアアレ 前髪セット……81
長さ別 前髪アレンジ……81

 ショート 前髪ポンパ風

ミディアム 片あみこみヘア

ロング ねじり前髪

もっと着まわし 週末コーデ……83

基本のヘアアレ あみこみ（表あみこみ／裏あみこみ）……84

トクベツな日のヘアアレ……88

卒業式 あみこみカチューシャヘア……88

入学式 みつあみハーフアップ……89

学芸会 ふんわりカールのはなやかヘア……90

授業参観 サイドフィッシュボーン……91

調理実習 くるりんツイン……91

運動会 はちまきサイドポニー／
赤白帽アップ……92

レッスン3 シーン別おしゃれジャッジ

マンガ みんなと差をつけたい!! ……………100

シーン1 ふたごコーデ …………………102
アイテムをオソロに！／トーンをオソロに！／
柄や素材をオソロに！
ふたごコーデのランクアップ★ ……………106
テーマパークでグループコーデ！ …………107

シーン2 デートコーデ …………………108
ベストオブ男子モテ！／アクティブデート／
ドキッとする大人コーデ
カレの前ではかわいくありたい♥
コンプレックスカバーテク8 ………………112

シーン3 習い事コーデ ………………116
ピアノ／スイミングスクール／ダンススクール／
英会話／塾

シーン4 イベントコーデ ………………120
パーティーへGO！／夏のイベントを120％楽しむ！／
気軽なおでかけにも手をぬかない

レッスン4　ボディのなやみ

女の子はなやみがいっぱい！ …………144
なやみ1　あせ・ニオイが気になる …………145
なやみ2　スタイルをよくしたい！ …………146
なやみ3　胸がふくらんできた …………148
なやみ4　生理がきたっ!! …………150
なやみ5　毛深いかも…… …………152

おしゃれコラム

1. おしゃれで運命がカワル …………52
2. ヘアのおなやみ スッキリ解決！ …………93
3. ホームケアできれいになる★ …………94
4. チャレンジ!! メイクでイメチェン★ …………124
5. チャレンジ!! ネイルでイメチェン★ …………128
6. 気をつけるだけでかわいさアップ …………130
7. さわやかガールのチェックリスト …………132
8. おしゃれは内側から　女子力アップ ココロ編 …………154

女子力アップ レッスン帳

おしゃれプロフ〜今のわたし〜 …………54
おしゃれプロフ〜未来のわたし〜 …………56
わたしの学校コーデ …………96
マイ クローゼット …………133
コレがほしい！買い足しメモ …………142
もっと女子力アップ！ …………156

おすすめコーデをチェック！

まずは今の自分を知ることが大切！

質問に答えていくと、今まで気づかなかった本当の自分を見つけることができるかも！?
自分の気持ちに一番近い答えを選んで、番号のマスに進んでね♥

START

1
魔法を使えるなら、どっちがいい？

- このまま年をとらない → 2 へ
- すぐに大人になれる → 3 へ

2
プレゼントをもらうならどれがいい？

- 花束 → 4 へ
- ぬいぐるみ → 6 へ
- 文房具 → 8 へ

深く考えずに、パッと選んで進んでいこう！

3
なやみを相談するなら、だれにする？

- 友だち → 5 へ
- カレ → 7 へ
- 家族 → 8 へ

A 夢見るラブリー

ポイント1
ブラウスは、フリルがあるタイプを選べば、ふんわりとした雰囲気に。

パステル調の色でそろえるのがおすすめ！

ポイント2
すそにフリルがついたジャンパースカートは、それだけで主役級。パステルピンクなど、あわい色にするとスウィート感がアップするよ。

ポイント3
足元は、白の折り返しソックス&ストラップつきのくつで、おじょうさま気分をプラスして。

スウィート

ロマンチックなあなたには、女の子らしいあまめのコーデがおすすめ♥ リボンやレースがやさしいイメージを引き出してくれるよ♪

おすすめアイテム

軽い素材で、上品なすけ感のあるレースやチュールが、守ってあげたくなる女の子に見せてくれるの。チュールスカートをはくなら、トップスはひかえめにしておこう★

レッスン1 自分のタイプ

レースやチュールアイテム

リボンがポイントのバッグ

大きなリボンがついているだけで、おとめチックな気分になれちゃうすぐれもの。バッグの色もパステルカラーやベージュなどのやさしい色にしてね。

パールのアクセサリー

やわらかにかがやくパールは、ピュアなかわいらしさを引き立たせてくれるよ！ コーデのポイントとして、取り入れてみてね。

全体のバランスをとらないと、やりすぎになっちゃうよ

B はじけるハデ色

自分ににあう色を
メインに選ぼう

ポイント1
ロゴTなど、色が数種類入ったトップスをチョイスして。同系色ではなく、はっきりした色が使われているものを選ぶとGOOD☆

ポイント2
ボトムスはミニスカートやショートパンツで元気さをアピール♪ トップスに使われている色を選べば、ハデ色でもまとめやすくなるよ。

ポイント3
足元まで手をぬかずに、柄ソックス×ハードなブーツでせめると、インパクトコーデのできあがり！

パンキッシュ

カラフルなコーデなら、あなたのミリョクをより引き立ててくれそう♪ ブーツやベルトなどでパンクなイメージをプラスすると、子どもっぽくなりすぎなくておしゃれ！

レッスン1　自分のタイプ

おすすめアイテム

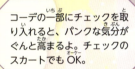

チェックの小物

コーデの一部にチェックを取り入れると、パンクな気分がぐんと高まるよ。チェックのスカートでもOK。

ハードになりすぎないように、かわいらしさは残してね

カラフルリュック

たくさんの色がミックスされたものがだんぜんおすすめ。洋服のカラーに合わせてね。気分も明るくなりそう★

ハードなベルト

スタッズなどの金属がついているベルトをつければ、クールなコーデに早変わり。

23

C 等身大 モテ姉

ポイント1
トップスは、だんぜん白！ さわやかさがアップするよ。かざりは小さく、シンプルなものにすると大人っぽくなるね。

ポイント2
やわらかな素材のフレアスカートなら、まちがいなし。水色やあわいグリーンの花柄で姉気分に♥

ポイント3
足元はベージュかうすいブラウンのショートブーツで。少しハズして、きれいめなスニーカーにしてみるのも◎。

全身が無地だと、ぼんやり見えてしまうので注意！

カジュアル

エレガントなあなたには、あまさひかえめの上品なコーデがぴったり。がんばりすぎず、ほどよい姉感になるようにすれば、好感度も急上昇。

レッスン1　自分のタイプ

おすすめアイテム

大人っぽくしすぎず、キュートさはどこかに取り入れてね

小さめのバッグ

キルティング素材や2色づかいのバイカラーなどのバッグは、大人っぽさを演出してくれるよ。イチオシの色はアイボリーやキャメル！

きれいめスリッポン

白やベージュ、レース素材のものを選ぶと上品カジュアルに。スマートな形もポイントだよ。

ベレー帽

レディ感を高めてくれるベレー帽。キラキラしたビジューがついたものなら顔まわりもはなやかに。

D ラフかっこいい海外

ポイント1
シンプルなTシャツにダンガリーシャツをON。前のボタンをとめずにはおって、そでをまくるとカッコイイ！

手首や脚を出すとカジュアルな中にも、女の子らしさを出せるよ

ポイント2
シンプルなショートパンツで、足をスッキリと見せよう。Tシャツの一部をベルトにひっかけてみてね。

ポイント3
素足にハイカットスニーカーで、自然体を演出しちゃって!!

スタイル

気合の入りすぎないシンプルなコーデなら、あなたのナチュラルさをアピールできるよ。ナチュラルな分、着こなし方が大切だよ。

レッスン1　自分のタイプ

おすすめアイテム

好みのチェックシャツが1枚あると、コーデに変化がつけられて◎。腰にまいてみるのもかわいいよ。

チェックのシャツ

ニット帽

ホワイトやライトグレーなどの明るい色で、ガーリーさもわすれないでね。

シンプルなバッグ

かざりのないショルダーバッグやリュックがグッドバランス！　大きめサイズなら、存在感もバッチリ。

かざらない、自然なミリョクが引き出せるアイテムを選ぼう

キューティー

ミステリアスなあなたなら、ほどよくセクシーなモテコーデを着こなせそう。みんなと差をつけられるポイントを見のがさないで。

レッスン1 自分のタイプ

おすすめアイテム

目立つアクセサリー

ボリュームのあるネックレスや大きめのリボンカチューシャで、みんなの視線をくぎづけにしちゃお♥

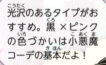

いろいろためすのが、おしゃれ上級者への近道★

光沢のあるタイプがおすすめ。黒×ピンクの色づかいは小悪魔コーデの基本だよ！

ビニール素材のバッグ

パニエ

スカートをふんわりふくらませるパニエ。本来はスカートの下にはくものだけれど、2枚重ねてスカートとしてはいてもかわいい。

顔の形でわかる おすすめヘアスタイル

ところで
自分の顔の形って
知ってる?

えっ そんなの
あるの?

顔の形を知って、
髪型を工夫すると、
あこがれの顔に
近づけるんだよ

顔の形で こんなに変わる！

右のふたりの女の子は、顔の形以外はまったくいっしょだけれど、雰囲気がちがうよ。左側の女の子はかわいらしいイメージ、右側の女の子はクールな感じがするよね。自分の顔の形を知って、長所をいかし、コンプレックスをカバーしてみよう。

顔の形をさっそくチェック

レッスン1　自分のタイプ

1 紙を用意する

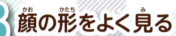

顔の形は、ほおからあごのラインを見るとわかりやすいよ。形をわかりやすくするために、はば3㎝くらいの細長い紙を用意してね。髪の毛はまとめておこう。

2 鏡の前で紙をあてる

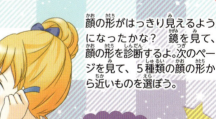

1の紙をあごの下にあて、ほおにそって上にひっぱってみよう。

3 顔の形をよく見る

顔の形がはっきり見えるようになったかな？　鏡を見て、顔の形を診断するよ。次のページを見て、5種類の顔の形から近いものを選ぼう。

次のページをチェック！

チェック!! あなたの顔型はどれ?

ここでは、顔の形を5種類にわけたよ。それぞれの特ちょうを見て、自分に近いものを選んでね。

丸型

- [ ] 全体的に丸く、ほおがふっくらしている。
- [ ] あごの形はとがらず、丸みをおびている。

おすすめのヘアは **34** ページへ

たまご型

- [ ] 全体的にたまごのような形で、ゆるやかなカーブをえがいている。
- [ ] あごはほっそりしているが、とがってはいない。

おすすめのヘアは **35** ページへ

面長型
- [ ] 顔の横のはばより、たてが長い。
- [ ] ほおはスッキリシャープで、あごは細い。

> おすすめのヘアは **36** ページへ

四角形&ホームベース型
- [ ] えらがはっていて、あご先が平たい。または、あごが少し飛びでている。
- [ ] おでこが広めで、全体的に角ばった形。

> おすすめのヘアは **37** ページへ

逆三角形型
- [ ] おでこが広めで、あごはとがっている。
- [ ] ほおは丸みがあるが、スッキリしている。逆さにした三角形のようなイメージ。

> おすすめのヘアは **38** ページへ

レッスン1　自分のタイプ

丸型のあなたにおすすめのヘア

かわいらしい顔型だけれど、ちょっとおさなく見られてしまうことも。トップにボリュームを出し、ほおを髪でかくしたヘアだと、雰囲気が変わるよ。

ふんわりショートヘア

前髪のはばをせまくして、サイドの髪とつなげるようにしてね。トップをふんわりさせると、たて長に見えるよ。

ロングヘアで高めおだんご

トップにボリュームが出るおだんごヘアは、スマートに見えるよ。顔まわりの髪を少し残すと、より効果がアップ！

レイヤー入り大人ミディアムヘア

顔まわりにレイヤーを入れて、ほおの丸みをカバー。前髪を横に流すようにすると、大人っぽさが出るからおすすめ。

NG

前髪のはばが広いと、顔が大きく見えちゃうよ。

NGは、個性的に見えるヘアでもあるから、人とちがいを出したいならためすのもあり！

たまご型のあなたに おすすめのヘア

やさしい印象の顔立ちで、髪型によってイメージをがらりと変えることができるよ！ あまりほおをかくさないヘアがおすすめ。

レッスン1 自分のタイプ

前髪パッツン ショートヘア

思いきって前髪をまゆ毛より上で切りそろえてみると、小顔効果バッチリ。かわいらしい印象がアップするよ。

前髪ポンパドール ミディアムヘア

前髪をふんわり上げてピンでとめたポンパドールは、形のいいおでこが見えてイイ感じ♪ 耳も出してスッキリさせてね。

ロングヘアで ななめわけ前髪

前髪を8対2くらいでわけて、多くわけたほうをななめに流してみよう。大人っぽくなるよ。後ろはスッキリまとめてね。

NG

前髪を真ん中でわけたヘアは、顔がたて長に見えすぎちゃうよ。

かわいくも、かっこよくもできるから、服装に合わせて髪型を変えてみて！

面長型のあなたに おすすめのヘア

ばつぐんに大人っぽく見えるのがこの顔型。それはそれでステキだけれど、顔まわりはふんわりした髪型を心がけると、はなやかさがアップするよ。

重め前髪の ショートヘア

すきまのない前髪をつくると、キュートで、ガーリーな髪型になるよ。顔の長さもおさえられるので◎。

ふんわり外はね ミディアムヘア

顔まわりはふわっとさせて、毛先は外はねにしてみて★ サイドにボリュームが出て、丸くやさしい感じに見えるよ。

あみこみ ロングヘア

サイドをゆるめのあみこみにして、耳の後ろにピンでとめてみよう。自然とふんわりして、女の子らしい印象になるよ。

NG

ピタッとわけた前髪は、おとなしく見えすぎちゃうので注意！

前髪とサイドの丸みを意識したヘアにしてみよう！

四角形＆ホームベース型
のあなたに おすすめのヘア

しっかり者に見られやすい顔型だよ。ほおやあごを髪でかくしてみれば、かっこよさだけではなくて、ガーリーなかわいさも手に入っちゃう♪

レッスン1　自分のタイプ

センターわけの ショートヘア

前髪を長めにして、真ん中でわけたヘアは、かわいい＆大人っぽい最強スタイル♥　トップに、少しボリュームを出してみよう。

サイドを残した ミディアムヘア

サイドの髪を少し残して、ハーフアップにしてみて。前髪のはばをせまめにすると、より小顔に見えるよ。

後ろはすっきり まとめたロングヘア

後ろでまとめてトップはスッキリと。顔まわりの髪は少し残してね。マジックカーラーなどでカールさせてみるのもおすすめ。

NG

前髪をまっすぐに切ったパッツンスタイルは四角を強調しちゃう。

サイドの髪は出しすぎないほうがおしゃれだよ

逆三角形型のあなたに
おすすめのヘア

あごがシャープなので、クールな印象が強め。あごのあたりの髪をふんわりさせるように意識すると、シャープすぎず、ステキ女子のできあがり！

外はね ショートヘア

トップにボリュームを出して、えりあしあたりは外はねにしてみて。前髪は、おでこが少し見えるようにすると、たて長に見えるよ！

ふわっとカールの ミディアムヘア

マジックカーラーなどで髪をまいて、首まわりに髪がかかるようにしよう。この髪型はボリュームを下に、がテッソクだよ。

サイドでまとめた ロングヘア

顔まわりの髪は少し残して、ほかの髪は、どちらか片側でふんわりまとめてね。首にそうようにするのがポイントだよ。

NG

重めではばの広い前髪は、顔の横はばを目立たせちゃうよ。

あごまわりの髪はブローやカーラーでふんわりさせてみよう

運気アップカラー＆柄がわかる！
あなたのオモテ・ウラ診断

39〜41ページの3つのテストに答えると、
あなたの性格やにあう色などがわかっちゃうよ。
①〜④の中から選んでね。

テスト1
ショッピングに行くよ。今日のコーデに買い足すならどれ？

① ネックレス　② ベルト　③ 帽子　④ スキニーパンツ

レッスン1　自分のタイプ

テスト2 レストランでランチ。上の絵と下の絵で4つちがうところをさがしてね。

最初に見つけたのはどれ？
❶女の子の口元　❷店員さんの洋服　❸お姉さんの髪かざり　❹まどの外の鳥

★答えは次のページへ

テスト3 今日買ったものだよ。白いところを好きな色でぬってみて！

最初にぬったのはどこ？

- ①スカート
- ②カバン
- ③帽子
- ④ショッピングバッグ

診断結果

テスト1〜3 で、①〜④がそれぞれいくつあったかな？
一番多い番号はどれだった？

- ① ☐ こ　①が多かった人→**42**ページをチェック！
- ② ☐ こ　②が多かった人→**44**ページをチェック！
- ③ ☐ こ　③が多かった人→**46**ページをチェック！
- ④ ☐ こ　④が多かった人→**48**ページをチェック！
- 　　　　 多い番号がなかった人→**50**ページをチェック！

★40ページの答え
女の子の口の形、洋服のフリンジがベストから出ている、
お母さんの髪がはねあがっている、まくらの柄が違う

①が多かったあなたの オモテとウラ

努力家

自分に自信がある

どこにいても目立つはなやかさ

オモテのあなた

自分のことを好きになれるのは、とてもハッピーなこと★ あなたのミリョクはそこにあるはず。きれいな自分でいるためにいつもがんばっているんじゃない？ そこをまわりの人もみとめてくれているよ。努力を続ければ、自然と内面からもかがやいて、ますますステキな女の子になれるよ！

ミリョクUp術

自分の好きなパーツを長所としてのばしていこう。「ここだけは負けない」という自信がひとつでもあると、コンプレックスも個性のうちと思えるはずだよ。

運気アップ カラー&柄

イエロー × ドット

向いている職業

モデル

雑誌やCM、ショーなどでいろいろな服をステキに着こなすよ。みんなから注目されても動じない、心の強さがあるあなたにおすすめ。美しいスタイルやはだをキープするには、規則正しい生活がなによりも大切だよ！

レッスン1 自分のタイプ

ウラのあなた

いつも自分が中心でいないと、なんだか不安になってしまうあなた。ふだんはだれよりもかがやいているのに、自分より人気者があらわれたら、ライバル心をもやし、はりあっちゃうかも。自分には自分の、人には人のよさがあるってことを理解していれば、ジェラシーに苦しむこともなくなるわ★

ギャップをいかせ!!

自分のいいところばかり見せていないで、たまには弱いところも見せてみて。いつもカンペキでいると、つかれちゃうよ。あなたの意外な一面に、みんな注目するはず。

②が多かったあなたの オモテとウラ

- サポート役が落ち着く
- ショッピングが大好き
- あるものをアレンジすることが得意

オモテのあなた

おしゃれなのにひかえめで、気づけば人のサポートにまわっていることが多いあなた。おしゃれに興味がない人を見ると、「なんとかしたい！」って思うことも。また、細かいところにも気がつくので、場をもりあげることも得意。まわりにとって、あなたはたよりになるお姉さん的存在のようね。

ミリョクUp術

いつも元気に見えるように、姿勢をよくして明るい声で話すように心がけてね。あなたのパワーにつられて、まわりの人も幸せな気分になれちゃうよ！

運気アップ カラー&柄

ブルー × チェック

向いている職業
スタイリスト

モデルや芸能人が着る服や小物をコーディネートするよ。服や人が一番ステキに見えるように、裏でささえる仕事は、あなたにぴったり！　自分もおしゃれでいるために、雑誌やショップで流行のチェックは欠かさないで。

レッスン1　自分のタイプ

ウラのあなた

人からたのまれると、ことわれないあなた。ひそかにストレスをためこんでない？　自分ひとりでクヨクヨとなやんでしまう一面も。心と体が悲鳴をあげる前に、エネルギーをチャージして。自分に合ったリフレッシュ方法を見つけられると、毎日を楽しくすごせるようになるよ。

ギャップをいかせ!!

たまには自分からたのみごとをしてみては？　たよれるアネゴキャラのあなたが、かわいくお願いする姿は意外性バッチリ！　みんな、キュン♥としちゃうはず。

❸ が多かったあなたの オモテとウラ

- マジメで根気がある
- 手先が器用
- 友だちの話をよく聞く

オモテのあなた

ひそかに変身願望のあるあなた。細かい作業が得意で、ヘアアレンジなどでおしゃれを楽しむことも。また、好きなものは、ずっと好きなのがあなたのいいところ。興味があることには、努力をおしまないから、習い事などのスキルアップもはやいよ。そんなあなたにあこがれている人も多いはず！

ミリョフUp術

ぜひヘアアクセサリーにこだわってみて。なりたい自分をイメージしながら選んだアクセなら、友だちの視線がくぎづけになること、まちがいなしよ★

運気アップ カラー&柄

グリーン × ストライプ

向いている職業

美容師

お客さんの希望を聞いて、ヘアカットやパーマ、カラーリングをするよ。技術をみがきつつ、流行の髪型を研究するのは大変だけれど、根気があるあなたなら大丈夫！ 自分の髪でヘアアレンジの練習をするのも◎。

レッスン1　自分のタイプ

ウラのあなた

人には言えないコンプレックスをかかえていない？　変身願望があるのは、今の自分に満足していない証拠。まわりに否定されそう、なんて不安な気持ちもあるのかもしれないね。ネガティブな気持ちに引きずられず、前向きに考えることが、コンプレックス解消のカギになるわ。

ギャップをい・か・せ!!

友だちの「ステキだな、まねしたいな」と思える部分を、口に出してほめてみて。人の長所を見つけて引き出す力は、自分の新しいミリョク発見にもつながるよ。

④が多かったあなたの オモテとウラ

アイデア いっぱい

みんなと ちがうことが 好き

絵や工作が 得意

オモテのあなた

あなたの独特のセンスは、みんなのあこがれの的。想像力がゆたかなので、だれも思いつかないような新しいアイデアを出すことができるよ。それをまわりからみとめられると、うれしくなってがんばっちゃうみたい。先を予測するカンもするどいから、ブームの先がけにもなれる素質あり！

ミリョクUp術

流行のアイテムは、人とかぶってしまうのがなやみ。そんなときは、あなたのセンスでリメイクしてみて！ あなたらしさもアピールできるし、スペシャル感も出せるよ。

運気アップ カラー&柄

ブラック × 迷彩

向いている職業

ファッションデザイナー

レッスン1 自分のタイプ

服の色や形などをイメージして、新しい服をつくりあげるよ。オリジナルのセンスがあるあなたにぴったりね。街や雑誌で気になるコーデを見つけたら、ノートに絵をかいてアイデアをストックしておくと◎。

ウラのあなた

こだわりが強すぎて、空気を読めなくなってしまうことがあるかも。自分の考えや意見をしっかり持つことは大切だけれど、まわりにおしつけてしまわないように注意しなくちゃね☆ ときには人の意見を聞いて、積極的に取り入れてみるといいよ。新しい発見があるかもしれないわ。

ギャップを い・か・せ!!

友だちには、いつも明るくお茶目に話してみてね。「ちょっと不思議ちゃんだけど、おもしろい子!」と思われるような、愛されキャラをめざしちゃおう!

多い番号がなかったあなたの オモテとウラ

笑顔がステキ

みんなから好かれる

バランス感覚がバツグン！

オモテのあなた

どんな人にも合わせられるあなたは、クラスの人気者♪　人にかこまれて、にぎやかな毎日がおくれているはず。まわりの笑顔で自分も幸せになるタイプだから、サービス精神もたっぷり！　楽しいことはみんなでわけあって、いい思い出をつくることに自分の価値を感じていそう。

ミリョクUp術

初対面の人でもスッとうちとけられるあなたの武器は、キュートな笑顔♥　あいさつは自分からしてみよう。心のトビラをいつもオープンにしておくことが大切なの。

運気アップ カラー&柄

ピンク × 花柄

向いている職業

アパレルショップ店員

お客さんにあう洋服選びのお手伝いをするよ。コミュニケーション能力が高いあなたなら、きっとカリスマ店員になれるはず！いろいろな年代の人とたくさんお話すると、会話力アップにつながるわ。

レッスン1 自分のタイプ

ウラのあなた

みんなにいい顔をしすぎて、八方美人と思われてしまうかも。人からきらわれたくないという思いが強すぎると、言いたいことも言えなくなっちゃうよ。空気を読むのがつらくなったら、ひとりでゆっくりするのがおすすめ。オンとオフの切りかえが上手にできると、毎日がもっとハッピーに♪

ギャップをい･か･せ!!

読書や手紙を書くなど、学校でもひとりですごす時間をときどきつくってみては？ いつもとはちがう静かな雰囲気のあなたに、みんながグッときちゃうかも。

おしゃれコラム1 おしゃれで運命がカワル

おしゃれを楽しむと、新しい自分を見つけられるよ。

おしゃれで自信アップ

自分のことを好き？ それともきらい？ カンペキな人なんていないけれど、自分のきらいなところまでステキに見せてしまうのが、おしゃれの魔法★ この本を読んで、自分がとびきりかわいくなれるおしゃれを見つけてね！

はやり＝おしゃれじゃない!!

流行やまわりの意見って参考になる。でも、それが自分の気持ちや意見とちがったり、自分に合わないものだったりしたら？ にあっていれば、それがまわりとちがっていてもおしゃれに見える!! 自分で選ぶことが何よりも大事だよ。

かわいいはつくれるもの！

いくら見た目がかわいくても、心のかがやきがなければ、ミリョク的には見えないもの。自分のことを知って、おしゃれをすれば見た目は変えられるよ。でも、本当のかわいさは、それで自信をつけて、笑顔で毎日をすごす。そんな**内面のかわいさが外見に表れるんだ。**

レッスン1　自分のタイプ

まずは基本からはじめてみよう♪

すぐにおしゃれ上級者になるのはムリ。**おしゃれにも努力が必要なんだ。**でも、かわいくなりたいと願って、毎日少しずつ気をつけるだけで、センスがみがかれていくよ。いろいろ考える前に、ためしてみるのが一番。自分を知ることからはじめてみよう。16～51ページの3つのテストや診断がヒントになるよ。まだ見ていない人は今すぐチェック！

いっしょにがんばろっ★

テストで自分のタイプがわかってきたかな？
今の自分となりたい自分のこと、まとめてみよう★

おしゃれプロフ 〜今のわたし〜

▲自分の写真やにがおえ

Profile

名前

誕生日　　　　年　　　月　　　日

星座　　　　座　　血液型　　　型

身長は　　　　　cmで、体重は　　　　kg

体型は（やせてる）（ふつう）（ぽっちゃり）だよ。

髪の長さは（ショート）（ミディアム）（ロング）で、

チャームポイントはズバリ　　　　　　　　★

おすすめコーデ（16〜29ページ）は　　　　　　　　。

顔の形（30〜33ページ）は　　　　　　　　型だったよ。

運気アップカラー（39〜51ページ）は　　　　　　　で、

柄は　　　　　　。テストの結果は……

（当たってた）（ちょっとちがうかも）（参考になった）よ♪

おしゃれQ&A（キューアンドエー）

質問に答えて YES か NO に〇をつけてね。

- 毎日のコーデを考えるのは楽しい？　　　　YES・NO
- 予定に合わせてコーデを考えている？　　　YES・NO
- ヘアアレンジは自分でしている？　　　　　YES・NO
- 自分の持っている服を思い出せる？　　　　YES・NO
- でかける前には鏡でチェックしている？　　YES・NO

レッスン1　自分のタイプ

好きなものを教えて！

Color
色 _____

柄（Pattern）
柄 _____

Item
今注目している
おしゃれアイテム
_____

Hair Style
ヘアスタイル
_____

Fashion
ファッション
_____

おしゃれプロフ ～未来のわたし～

1年後、どんな自分になっていたい？

💙 やってみたい ヘアアレンジ

💗 ほしい アクセサリー

💚 着てみたい服

🧡 はきたいくつ

▲絵をかいたり、あこがれのコーデやモデルさんの写真をはったりしてね。

1年後の自分へのメッセージ

レッスン2
学校でのおしゃれ1週間

毎日同じになりがちな学校コーデ&ヘアアレ。
着まわし術やヘアアレテクを身につければカンペキ！

行事ヘアアレもあるよ！

基本ヘアアレから長さ別アレンジまでご紹介

8つのアイテムで着まわし♪

1週間の 着まわしアイテム 8

少ないアイテムでも、うまくコーデを考えれば、毎日ちがって見える！もういつも同じ服なんて言わせないよ♪

3 ボーダーカットソー

ボーダーの線が細めだとコーデしやすいよ。

1 カーディガン

定番アイテム。きれいめな色を選んで。

2 ブラウス（リボンつき）

白のブラウスは1枚持っておくとべんり。

6 ショートパンツ

シンプルで模様が入ったものが◎。

4 シャツワンピース

はおることもできる優秀アイテム。ダンガリーのような無地がおすすめ。

5 フレアスカート（サスペンダーつき）

カーディガンと合う色をチョイス！

7 ハイカットスニーカー

くつ下で遊ぶなら、色はホワイト系に！

8 スリッポン

きれいめなコーデにも合わせやすいものを。

ヘアアレ基本のアイテム

ヘアアレをマスターするには、道具が大事！ よく使う道具を紹介するよ。⭐のついた道具は最初に用意してね。

レッスン2　学校でのおしゃれ

デンマンブラシ
ブラシ
ロールブラシ
髪をとかしたり、ブローしたり大かつやく。全体にブラシがついたロールブラシは、毛先をカールさせるのにべんり！

コーム
髪を整えたり、わけたりできるよ。

鏡
立てられるものがおすすめ！洗面台の鏡などでもOK。

ドライヤー
髪をかわかしたり、セットしたりするときに使うよ。

マジックカーラー
髪にボリュームを出したり、カールしたりできるよ。

ヘアゴム
髪を結ぶゴム。太いものから細いものまで、種類もいっぱい。

かざりゴム
ヘアゴムにリボンなどのかざりがついたものだよ。

アメリカピン（アメピン）
髪の毛をとめるために使う。カラフルなものもあるよ。

Uピン
おだんごをつくるときなどに使う、U字型のピンだよ。

ダッカール（くちばしクリップ）
アレンジ中に髪を一時とめておくときにべんり。かざりつきのものはヘアアクセに。

バレッタ
とめ金が後ろについたヘアアクセだよ。

ヘアクリップ
髪をはさんで、ワンポイントとして使おう。

シュシュ
布にゴムが入ったヘアアクセ。

カチューシャ
頭につけるヘアアクセ。ほかにヘアバンドなどがあるよ。

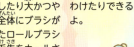

ヘアアレンジの前に

ヘアアレンジをするときに
知っておきたいことをまとめたよ。

基本が大切！

 この本で使う、ヘアに関する言葉を紹介するよ。

⭐ **トップ**
頭の上のほうの
髪の毛のこと。

⭐ **サイド**
顔の横の髪の毛のこと。

⭐ **えりあし**
首の後ろ側、髪の毛の
はえぎわのこと。

髪の長さ 髪の長さのわけ方はいろいろあるけれど、
この本では3つにわけているよ。

❤ **ショート**
あごくらいまでの長さ。

💚 **ミディアム**
あごから肩にかかるく
らいの長さ。

💜 **ロング**
肩より下の長さ。

この本で紹介するアレンジができる長さには、
マークをつけているよ。（基本のヘアアレ以外）

ヘアアレンジの基本

いろいろなヘアアレンジにチャレンジする前にマスターしておこう。

🟠 ブラッシングをする

どんな髪型のときにも最初に髪をブラシでとかしておいてね。とかし方は、毛先、真ん中、根元の順に少しずつ。上からとかすと、髪がからまる原因になっちゃうよ。とかし終わったら、根元から毛先まで全体にブラシを通してね。

🟠 鏡を見て整えよう

ヘアアレンジをうまく仕上げるには、鏡でチェックすることが大切。頭全体がうつる鏡を使ってね。

レッスン2　学校でのおしゃれ

🟠 基本のゴムの結び方　きれいに結ぶためのコツだよ。

1 手首にゴムを準備する

太めのゴムを手首に通して、髪の毛を結ぶ準備をしておこう。きき手に通すと作業がしやすいよ。

2 8の字にしながら結ぶ

髪をまとめて持ち、ゴムを通したら、8の字にしながらキツくなるまで髪の毛を通して結んでね。

3 髪をふたつにわけてひっぱる

結んだ毛束をふたつにわけて、左右にひっぱろう。ゴムが根元でとまるよ。

ポイント！
ポニーテールなど、しっかりとめたいときにはこのひと手間が大切。みつあみの先など、ふんわりさせたいときには必要ないよ。

次のページからは、1週間のコーデ&ヘア！

月曜日の はつらつコーデ

週のはじめは、ほどよくこなれた、明るめのコーデがおすすめ。
髪はふたつに結んで元気よく！

着まわしたのはコレ！

1 カーディガン

4 シャツワンピース

8 スリッポン

カーデは肩にかけて、顔まわりを明るく！

友ウケ
カーデの着こなし
カーデを肩にかけるときは、そではゆるく結ぶか、そのままおろしてね。

男子ウケ
シャツワンピ
それだけでドキッとしちゃうシャツワンピ。ひざ上丈くらいがベスト！

先生ウケ
えり元はきっちり
ワンピのボタンは全部とめるか、開けてもひとつにすれば、清潔感あるコーデに。

基本のヘアアレ ふたつ結び

レッスン2　学校でのおしゃれ

① 髪をふたつにわける
髪を左右に半分にわけるよ。コームの持ち手の先で、トップからえりあしまで、真ん中に線を引くようにわけてね。

同じ量にわけるのが大切

② 髪をまとめる
片方の髪を耳後ろにブラシで集める。反対側の髪は、ダッカールでとめたり、ゴムで軽く結んだりしておこう。

③ ゴムで髪を結ぶ
ゴムに髪を通して結ぼう。毛束をふたつにわけてひっぱると、ゴムが根元でとまるよ。

④ 残りの髪も結ぶ
同じようにもう片方の髪も結ぶ。鏡を見て、同じ高さに結び目がくるように整えてね。

つづきは次のページへ！

⑤ 全体を整える
前髪や毛先をとかして、全体を整えよう。

できあがり！

長さ別 ふたつ結びアレンジ
ショート おちゃめツイン

`ショート` `ミディアム` `ロング`

❶ ギザギザのわけ目をつける
真ん中から、左右どちらかへ少しずらしたところからわけるよ。髪のはえぎわからコームの持ち手の先を真ん中に向かってななめに動かし、次は反対側へ。それをくり返そう。

❷ サイドをとりわける
❶のわけ目からサイドの髪を結べる長さでとりわける。同じようにギザギザにとりわけよう。

❸ 髪を結ぶ
とりわけた髪を小さなゴムで結ぶ。反対側も同じように結び、全体を整えてね。

［ミディアム］ ふわふわツイン

❶ ふたつ結びにする ［ミディアム］［ロング］

ふたつ結びにするよ（→65ページ）。耳の真ん中あたりの高さで結ぼう。

❷ 逆毛を立てる

毛束から髪を少しずつとり、コームを内側からあて、毛先から結び目に向かって動かそう。反対側も同じようにして、毛束をふんわりさせてね。

❸ 前髪を整える

前髪をとかして整えよう。

［ロング］ 毛先くるりんツイン

❶ ふたつ結びにする ［ミディアム］［ロング］

ふたつ結びにするよ（→65ページ）。耳より上の高さで結ぼう。

❷ マジックカーラーで毛先をまく

マジックカーラー（直径約4㎝）を毛束の外側にあて、毛先からまこう。カールローションを使ったり、ドライヤーをあてたりするとカールがつきやすいよ。

❸ カーラーを外す

しばらくそのままにして、くせがついたら、カーラーを外そう。最後に前髪をとかして整えてね。

レッスン2　学校でのおしゃれ

みつあみ

基本のヘアアレ / レッスン2　学校でのおしゃれ

① 髪を3つにわける
髪を左右に半分にわけて（→65ページ①）、それぞれの毛束を指で3つにわける。3つとも同じ量になるようにしてね。

② 真ん中に外側を重ねる
真ん中のBの毛束に、外側のAの毛束を重ねよう。

手の動かし方になれよう！

③ 反対側の毛束を重ねる
AとBの間にくるように、Cの毛束を上から重ねるよ。

④ 外側の毛を重ねていく
次に反対側にきたBを真ん中に、つづいてAを真ん中にというように、外側にきた毛を順番にあんでいくよ。

つづきは次のページへ！

ゴムで髪を結ぶ
毛先まであんだら、あみ終わりをゴムで結ぼう。最後に前髪を整えてね。

できあがり！

長さ別 みつあみアレンジ
ショート ガーリーあみこみヘア

ショート
ミディアム
ロング

❶ギザギザのわけ目をつける
トップの髪を7対3になるように、ギザギザにわけ目をつける（→66ページ❶参考）。

❷裏あみこみをする
多いほうの髪を裏あみこみにしていくよ（→86ページ）。

❸髪を結ぶ
あみ終わりを小さなゴムで結んで、全体を整えてね。

ランクアップおさげヘア

❶髪をふたつにわける
髪を左右に半分にわける（→ 65 ページ①）。

❷裏あみこみをする
片方の毛束を裏あみこみにしていく（→ 86 ページ）。毛先まであんで、あみ終わりは小さなゴムで結んでね。

❸反対側もあみこむ
反対側の髪も同じように裏あみこみにしよう。最後に前髪を整えてね。

レッスン2　学校でのおしゃれ

アクティブみつあみ

❶ふたつ結びにする
ふたつ結びにするよ（→ 65 ページ）。耳の上あたりの高さで結ぼう。

❷みつあみにする
それぞれの毛束をみつあみにする（→ 69 ページ）。毛先は少し長めに残して、小さなゴムで結んでね。最後に前髪を整えるよ。

水曜日の♪ きちんとコーデ

週半ばでつかれが出てきた!? そんなときは気分がしゃんとするコーデで。
まじめに見えすぎないようポニーテールにしたよ。

カーデはとじてニット風に着まわし♥

友ウケ
明るい色
さし色となる、あざやかなカーデで、遊び心を演出♪

先生ウケ
ブラウス
カーデからブラウスのえりをのぞかせれば、さわやかにきまるよ！

男子ウケ
ほどよいはだ見せ
ショートパンツをはくときは、くつ下の長さにこだわってね。

着まわしたのはコレ！

1 カーディガン

2 ブラウス

6 ショートパンツ

8 スリッポン

基本のヘアアレ ポニーテール

① 髪を高い位置に集める
きき手と反対側の手で髪をまとめてつかみ、きき手で持ったブラシで髪を高い位置に持っていこう。低い位置から少しずつ高くしていくよ。

ポイント

髪に少しワックスをつけておくとまとめやすいよ。手のひらにワックスを広げて、髪の根元から全体につけてね。

レッスン2　学校でのおしゃれ

何度も髪を集めてたるみをなくそう

② たるみをなくす
結びたい位置まで持ってきたら、たるみやゆるみがないように、髪をしっかり集める。ブラシは髪の根元から通し、あごを少し上げるときれいに集めやすいよ。

③ ゴムで髪を結ぶ
ゴムに髪を通して結ぼう。毛束をふたつにわけてひっぱると、ゴムが根元でとまるよ。

つづきは次のページへ！

④ 全体を整える

コームでえりあしやサイドのたるみを整えよう。最後に前髪をとかしてね。

できあがり！

長さ別 ポニーテールアレンジ
ショート なんちゃってポニテ

❶ 上の髪を集めて結ぶ

耳上からトップに向かい、両手の親指で髪をとりわける。下の髪がとどく高さにブラシで集め、小さなゴムで結んでね。

❷ 残りの髪を集めて結ぶ

残りの髪をブラシで集めよう。できるだけ高い位置に集めたら小さなゴムで結ぼう。

❸ 毛束をまとめて結ぶ

下の毛束を上の毛束に合わせ、上の結び目の上からゴムで結ぶよ。下の毛束がとどかなければ、上へ持ちあげ、アメピンでとめてもいいよ。最後に前髪を整えよう。

ミディアム 大人くるりんポニテ

ミディアム
ロング

❶低めの位置で結ぶ
耳の下くらいの高さでポニーテール(→73ページ)にしよう。

❷根元をふたつにわける
結んだゴムを少しずらし、根元を指でふたつにわけて穴を開けるようにしよう。

❸穴に毛束を通す
穴に毛束を上から下へくるんと通そう。穴の下から毛束をつかんでひっぱりだすよ。

❹毛束を左右にひっぱる
毛束をふたつにわけて左右にひっぱる。ゴムのゆるみがなくなり、ねじりも強調されるよ。最後に前髪を整えてね。

レッスン2 学校でのおしゃれ

ロング ふんわりカールポニテ

ミディアム ロング

❶前の日にみつあみをする
前の日の夜、かわいた髪を左右に半分にわけてそれぞれ少しきつめのみつあみにする(→69ページ)。

❷朝、みつあみをほどく
次の日の朝、みつあみを手でほぐす。ブラッシングはしないようにしてね。

❸ポニーテールをする
ポニーテール(→73ページ)のように高い位置でまとめるよ。でも、ブラシは毛先まで通さないようにしてね。カールがとれちゃうよ。

❹全体を整える 最後にコームでサイドやトップ、えりあし、前髪を整えよう。

木曜日の さわやかコーデ

図書館で調べものをするから、勉強がはかどりそうなコーデでキメッ♥
おだんごヘアで、首元はすっきりさせたよ。

白とブルーの黄金コンビ！

友ウケ
レイヤード
重ね着は、おしゃれの定番。ボーダーからワンピのそでを見せてね！

男子ウケ
手首見せ
そでは少しめくって手首見せが◎。女の子らしさが強調されるよ。

先生ウケ
しわなし！
ワンピのしわはアイロンでのばして。アイロンがけをマスターするのもいいかも。

※アイロンは、使う前におうちの人に相談してね。

着まわしたのはコレ！

③ ボーダーカットソー

④ シャツワンピース

⑦ ハイカットスニーカー

基本のヘアアレ おだんご

① 高い位置で髪を集める
ポニーテール（→73ページ）と同じように、おだんごをつくりたい位置に髪をブラシで集める。

② 髪をゴムで結ぶ
集めた髪をゴムで結ぶよ。結んだら毛束をふたつにわけて左右にひっぱると、ゴムが根元でとまるよ。

レッスン2　学校でのおしゃれ

まとめすぎないほうがかわいい！

③ 結び目に髪をまきつける
きき手で結んだ髪の毛束を持ち、結び目に毛束をまきつけていくよ。反対の手で結び目をおさえておこうね。

④ ピンでとめる
まき終わったら、毛先をアメピンやUピンでとめよう。鏡を見ながらUピンでおだんごの形を整えてね。

つづきは次のページへ！

⑤ 全体を整える
最後にコームでサイドや後ろの髪のたるみ、前髪を整えてね。

できあがり!

長さ別 おだんごアレンジ
ショート ミニおだんご

❶ 髪を上に集める
手で髪をざっくりとトップに集める。集められる髪だけでOK。

❷ 髪をゴムで結ぶ
集めた髪を小さなゴムで結ぶよ。毛束をふたつにわけて左右にひっぱり、ゴムが根元ギリギリにくるようにしてね。

❸ おだんごをつくる
おだんご(→77ページ)と同じように、毛束を結び目にまきつけ、アメピンやUピンでとめてね。最後にコームで全体を整えよう。

ツインおだんご

ミディアム

❶ ふたつ結びにする
ふたつ結びにする(→65ページ)。できるだけ高い位置で結ぼう。

❷ おだんごをつくる
それぞれの毛束を、おだんご(→77ページ)と同じように、結び目にまきつけ、アメピンやUピンでとめてね。最後にコームで全体を整えよう。

レッスン2 学校でのおしゃれ

お姉さん風 変わりおだんご

ロング

❶ 大人くるりんポニテをつくる
大人くるりんポニテ(→75ページ)をつくろう。

❷ もう一度毛束を通す
くるんと毛束を通した穴に、もう一度毛束を上から通そう。髪の長さに合わせ、何度かくり返して、毛先まで入れこんでね。

❸ 毛先をピンでとめる
毛先をアメピンで数か所とめるよ。最後にコームで前髪を整えてね。

金曜日の クラシカルコーデ

今日はバイオリンクラブの日だから、ちょっとおすまし気分。
前髪をアレンジしたからダウンスタイルで！

黒いリボンでおしとやかにきめる！

友ウケ
リボン
つけ外し自由なリボンは、印象がガラリと変わるので、着まわしにはぴったり。

男子ウケ
胸元のプリーツ
ブラウスのプリーツは、女子力満点！インナーはすけないものを選んでね。

先生ウケ
上品さ
上品なコーデをランクアップするのは、しぐさ！ 大また歩きなんてNGだよ。

着まわしたのはコレ！

2 ブラウス

5 フレアスカート

8 スリッポン

基本のヘアアレ 前髪セット

① ドライヤーをあてる
とかした前髪を軽くひっぱって、ドライヤーを上からあてよう。最初に髪の根元に水をスプレーしておくと、くせもとれやすいよ。

※ドライヤーは髪から15cmははなして使おうね。

② ブローする
ブラシを前髪の内側に入れてくるんとまきつけ、ドライヤーを上からあててね。そのままブラシを下へ動かし、そっと外そう。ロールブラシだとやりやすいよ。

できあがり！

レッスン2　学校でのおしゃれ

長さ別 前髪アレンジ
ショート　前髪ポンパ風

ショート / ミディアム / ロング

❶ 前髪を結ぶ
前髪を頭の上でまとめ、小さなゴムで結ぶよ。

❷ 髪をくるんと通す
根元の髪をふたつにわけて穴を開け、毛束を前から後ろ側へ穴に引きこむようにして通そう。

❸ 毛束をふたつにわけてひっぱる
通した毛束をふたつにわけて左右にひっぱろう。そうすると毛束がはねないよ。

ミディアム 片あみこみヘア

❶髪を8対2にわける
コームの持ち手の先を使って、髪を8対2にわけよう。少ないほうの髪はダッカールでとめておいてね。

❷表あみこみをする
多いほうの前髪を表あみこみ（→84ページ）にしていくよ。あみこむときに後ろ側の髪だけをつけ足していく「片あみこみ」にしてね。最後にとめていたダッカールをはずし、全体を整えよう。

ロング ねじり前髪

❶髪を7対3にわける
コームの持ち手の先を使って、髪を7対3にわけよう。

❷髪をふたつにわけてねじる
わけた髪の片側から、前髪とトップの髪をとりわけてふたつにわけ、それをからめるようにねじろう。ななめ後ろにひっぱりながらねじってね。

❸ピンでとめる
耳の上くらいの位置までねじったら、アメピン2本で、×の形にとめるよ。反対側も同じようにねじろう。最後に全体を整えてね。

もっと着まわし♪ 週末コーデ

週末も同じアイテムで着まわせるよ。小物でアレンジして!

土曜日の アクティブコーデ

今日は友だちと公園へ。動きやすくて温度調節もしやすいコーデが◎。ニット帽をプラスすると、学校コーデと差がつくよ!

シャツワンピはさらりとはおって!

着まわしたのはコレ!

3 ボーダーカットソー
4 シャツワンピース
6 ショートパンツ
7 ハイカットスニーカー

レッスン2 学校でのおしゃれ

日曜日の おしゃまコーデ

家族とショッピングだから、おしゃれにおめかし♪ ベレー帽とパールネックレスで大人気分。

カラー×カラーではなやかに★

着まわしたのはコレ!

 1 カーディガン
 5 フレアスカート
8 スリッポン

あみこみ

みつあみ（→69ページ）の応用だよ。2種類のあみ方があるよ。ちょっとむずかしいけれど、ヘアアレンジのはばがぐんと広がるからおぼえてね！

表あみこみ

1

髪を3つにわける
あみこみしたい髪をとりわけ、同じはばになるよう、3つにわけるよ。あみこみしない髪はよけておこう。

2

みつあみをする
最初だけ、みつあみ（→69ページ）の 2〜3 と同じようにするよ。

4

反対側の髪をすくってあみこむ
今度は前髪側の髪（E）をすくい、Aといっしょに上から C、B と D の毛束の間に持っていくよ。

5

3 と 4 をくり返す
3 と 4 をくり返して、後ろ側→前髪側と順に下の髪をすくいながらあみこんでいこう。

中へ入りこんで
いくような
あみ目になるよ

レッスン2 学校でのおしゃれ

③
下の髪をすくってあみこむ
毛束を重ねた順番に、①でとりわけた毛束のすぐ下の髪をすくってあんでいく。まず、後ろ側の髪（**D**）を**B**と同じ分量すくい、**B**といっしょに上から**C**と**A**の毛束の間に持っていこう。

⑥
最後はみつあみにする
すくう髪がなくなったら、みつあみをして毛先まであんでいく。最後はゴムで結ぼう。

できあがり！

裏あみこみ

1

髪を3つにわける

あみこみしたい髪をとりわけ、同じはばになるよう、3つにわけるよ。あみこみしない髪はよけておこう。

2

裏みつあみをする

最初だけ「裏みつあみ」をする。裏みつあみは、Ⓐの毛束を下からⒷとⒸの間に持っていく。次に、Ⓒの毛束を下からⒷとⒶの間に持っていくよ。

4

反対側の髪をすくってあみこむ

今度は前髪側の髪(Ⓔ)をすくい、Ⓐといっしょに下からⒸと、ⒷとⒹの毛束の間に持っていくよ。

5

③と④をくり返す

③と④をくり返して、後ろ側→前髪側と順に下の髪をすくいながらあみこんでいこう。

下の髪をすくってあみこむ

毛束を重ねた順番に、①でとりわけた毛束のすぐ下の髪をすくってあんでいく。後ろ側の髪（Ｄ）をＢと同じ分量すくい、Ｂといっしょに下からＣとＡの毛束の間に持っていこう。

最後は裏みつあみにする

すくう髪がなくなったら、裏みつあみをして毛先まであんでいく。最後はゴムで結ぼう。

> 表あみこみは上から重ねるけれど、裏あみこみは下から持っていくよ。裏あみこみのほうが、あみ目が目立つんだ！

レッスン2　学校でのおしゃれ

できあがり！

トクベツな日のヘアアレ

いつもとちょっとちがう日は、気合を入れてヘアアレしちゃおう♪ むずかしいアレンジもあるけれど、練習してみてね。

卒業式 小学校最後の思い出づくり。写真に残る機会も多いから、主役ヘアで。

あみこみカチューシャヘア

❶ ギザギザのわけ目をつける
コームの持ち手の先を使い、トップの髪を真ん中でギザギザにわける（→66ページ❶）。

❷ あみこむ毛をとりわける
コームの持ち手の先を使って両サイドの髪を、トップから耳の真ん中くらいの位置でとりわける。それ以外の髪は、後ろで軽く結んでおくといいよ。

❸ 表あみこみにする
とりわけた髪を表あみこみ（→84ページ）にして、毛先まであんだら小さなゴムで結ぶ。反対側も同じようにしよう。

❹ 頭の上へ持っていく
あんだ毛束を頭にそわせ、アメピンでとめる。毛先があまるようなら、毛先を少し折りこんでとめてね。

❺ 反対側もとめる
反対側も同じようにとめる。あみこみ同士を少し重ねるようにしよう。最後に後ろで結んでいた髪をほどいて整えてね。

ミディアム / ロング

入学式 いよいよ新しい毎日がはじまるね。おさえめなおしゃれヘアできまり！

みつあみ ハーフアップ

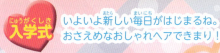

❶センターわけにする
コームの持ち手の先を使い、トップの髪を真ん中でわけてね。

❷あむ毛をとりわける
コームの持ち手の先を使い、耳の上からトップにかけての髪をとりわけよう。

❸みつあみにする
とりわけた髪をみつあみ（→69ページ）にする。後ろにひっぱるようにしながらあんでいくと、後でまとめやすくなるよ。あみ終わりはゴムで結んでおこう。

❹反対側も同じ
反対側も同じようにとりわけて、みつあみをしよう。

❺ハーフアップにする
耳の上から横にまっすぐ髪をとり、みつあみ２本といっしょにまとめてゴムで結ぼう。最後にみつあみを結んでいた２本のゴムを外し、整えてね。

レッスン2　学校でのおしゃれ

ショート
ミディアム
ロング

学芸会 学芸会で劇の主役をもらえた！ そんなときはとっておきのヘアアレに。

ふんわりカールのはなやかヘア

❶髪を8ブロックにわける
コームの持ち手の先で、トップの髪を真ん中でわけたら、サイドを上下にわける。後ろは半分にしてさらに上下にわけ、合計8ブロックにわける。

❷マジックカーラーをまく
ブロックごとにマジックカーラー（直径約4㎝）でまく。カールローションがあれば使ってね。髪の内側にカーラーをあて、毛先から内まきにしよう。くせがついたら外して、手でほぐすよ。

❸髪をとりわけ、ねじる
まゆ毛の上あたりから、わけ目に向かって髪をすくいとり、ねじっていく。頭の真ん中より少し下くらいまでねじったら、ダッカールでとめておこう。反対側も同じようにねじるよ。

❹ねじりを合わせて結ぶ
2本のねじりをまとめて小さいゴムで結ぶ。ねじりがくずれないようにしてね。

❺毛束をくるりんと間に通す
2本のねじりの間に、結んだ毛束を上からくるりんと通そう（→75ページ参考）。

❻髪を少し引きだす
結び目を手でおさえながら、ねじった髪を少しずつ引きだしてね。最後にバレッタで結び目と下の髪をいっしょにとめ、整えよう。

ミディアム **ロング**

授業参観 勉強がいつもよりできちゃいそうな、おすましスタイル。
サイドフィッシュボーン

❶ 髪をサイドに集め、わける
ブラシで片側に髪を集め、耳の後ろでふたつにわけよう。

❷ 外側の髪を内側へ
片方の毛束の外側の髪を少しとり、毛束の間に持っていき、反対側の毛束といっしょにまとめる。このときとる毛束のはばが太いと、みつあみっぽく、細いと魚の骨のようになるよ。

❸ 反対側も外側の髪を内側へ
もう片方の毛束の外側から❷と同じ量とり、反対側の毛束といっしょにする。そのとき、❷でとりわけた毛束の上を通るようにしてね。

ミディアム
ロング

レッスン2 学校でのおしゃれ

❹ ❷と❸をくり返す
毛先まで❷と❸をくり返して毛先をゴムで結ぶ。首にそうようにしてあんでいってね。

調理実習 くるりんヘアでふたつ結び変化球!
くるりんツイン

ミディアム
ロング

❶ ふたつ結びにする
髪をふたつ結び(→65ページ)にする。耳の下の位置で小さなゴムで結んでね。

❷ 毛先を穴に通す
結び目の上に穴を開けるようにわけて、毛束を上からくるりんと通そう(→75ページ参考)。

❸ 通した毛束を結ぶ
❶の結び目から間かくをあけて、小さいゴムで結ぶ。ミディアムなら残りの毛束の半分くらい、ロングなら3分の1くらいの位置が◎。

❹ また毛束を穴に通す
❶と❸の結び目の間の髪に穴を開け、毛束を上からくるりんと通そう。反対側も同じようにしてね。髪の長さに合わせて結ぶ回数は変えよう。最後に三角巾をつけてね。

運動会 だれより目立つヘアで、かつやくしよう!!

はちまきサイドポニー

❶髪を集める
ブラシを髪の根元から入れて、頭の高い位置に集める。片側によせてね。

❷集めた髪を結ぶ
集めた髪をゴムで結び、毛束をふたつにわけて左右にひっぱってとめるよ。たるみがないようにしよう。

❸はちまきを結ぶ
はちまきを結ぼう。ゴムの結び目の位置でリボン結びにするとかわいいよ。

ミディアム / ロング

赤白帽アップ

ミディアム / ロング

❶髪をふたつにわける
コームの持ち手の先を使い、髪を左右で半分にわけよう（→65ページ❶）。片側は軽く結んでおくといいよ。

❷表あみこみをする
片側ずつ、表あみこみ（→84ページ）にしていこう。

❸髪をえりあしでとめる
どちらか1本のあみこみを反対側へ持っていくよ。毛先を折りたたむようにしてアメピンでとめてね。反対側も同じようにとめよう。最後に赤白帽をかぶってね。

おしゃれコラム2 ヘアのおなやみスッキリ解決！

髪ってなやみがつきないよね。よくあるなやみを集めたよ。

レッスン2 学校でのおしゃれ

Q1 くせっ毛がはずかしい……。
A 髪のかわかし方が大切！
髪をあらったら、**必ずドライヤーでかわかしてね**。自然乾燥だと、髪がいたんでさらにくせが……。ドライヤーをあてながら、**ブラシでのばすようにブロー**すると、くせがおさまりやすいよ。雨の日は、いっそのことヘアアレンジを楽しんで♪

Q2 フケってどうすればなくなる？
A まずは正しくシャンプーしてみて。
髪のあらいすぎか、すすぎが足りないのかも。正しいシャンプーは、まずはブラッシングから。その後、一度お湯であらい、シャンプーを手で泡立ててから髪につけるよ。**指のはらで全体をあらったら**、よくすすいでね。**えりあしや髪のはえぎわまでていねいにすすごう**。それでも気になるようならシャンプーを変えてみて。

Q3 髪の量が多いのはあきらめるしかない？
A 美容院で相談してみて。
カットのときに、美容院で相談して、**髪型を変えてみよう♪** ボリュームダウン用のシャンプーもあるので、ためしてもいいかも。

Q4 美容院に行きにくいよー。
A 希望を自分の中ではっきりさせよう。
まずはどんなヘアスタイルにするか、気になっているところなどを行く前にまとめておこう。美容師さんに希望を伝えやすくなるよ。雑誌の切りぬきなどを持っていくのも◎。髪のプロにおまかせしてもっとかわいくなっちゃおう★ **勇気を出して予約してね！**

おしゃれコラム3 ホームケアできれいになる★

毎日のお手入れが、明日のきれいをつくるよ。正しいケアを身につけてね！

美肌のヒケツ 洗顔

1 手をきれいにあらってから、ぬるま湯で顔をぬらすよ。髪はまとめておこう。前髪もわすれずにね。

2 洗顔料にぬるま湯を少しずつくわえて泡立てるよ。手のひらにくぼみをつくり、反対側の指先でかきまぜてキメ細やかな泡をつくろう。

3 まず油分の多い、おでこと鼻すじに泡をのせてあらおう。指のはらでクルクルしながら、やさしくあらってね。

4 次にほお、あご、目元、口元と顔全体をあらっていこう。目元や口元はとくにやさしく！髪のはえぎわやあごの下もわすれずにあらおう。

5 たっぷりのぬるま湯で、泡がなくなるまでしっかりとすすぐよ。すすぎ残しはニキビなどの原因になるから、鏡で泡が残っていないかたしかめてね。最後に清潔なタオルではだを軽くおさえるようにしてふこう。

あらうときも、ふくときも顔をこすらない！がテッソク

うるおいをプラス 化粧水&乳液

1 きれいに顔をあらえたら、化粧水ではだを整えるよ。化粧水を適量手のひらに出し、手をこすり合わせて両手に化粧水を広げよう。

2 手で顔をつつみこむようにして、顔全体につけるよ。化粧水が全体になじんだら、目元や口元、鼻など細かいところに指のはらでなじませよう。

3 冬など、はだがカサカサするときは、化粧水の後に乳液をつけると水分がにげにくいよ。化粧水と同じように乳液を手に出し、ほおをつつむようにして顔につけてね。目元や口元は指先でなじませよう。

レッスン2　学校でのおしゃれ

指先まできれいに ハンドケア

1 乾燥しやすい手はハンドクリームで保湿して。ハンドクリームを適量手の甲に出し、反対側の甲とこすり合わせて広げてね。

2 手の甲全体に広がったら、今度は手のひらや指を使って手全体になじませよう。指先やつめまでマッサージするようにしてね。

> はだに合わない洗顔料や化粧水、乳液、ハンドクリームははだあれの原因に。使う前におうちの人に相談しよう。

自分の1週間の学校コーデをかいてみよう。
ふり返ることで、おしゃれセンスがみがかれるよ！

わたしの学校コーデ

○月 ○日（ ）

💙 今日のコーデやヘアアレンジの
こだわりポイントをかいてね。

コーデ&ヘアのポイント

今日のコーデ&ヘアは…

💙 コーデやヘアアレンジの
絵をかいたり、
写真をはったりしてね。

💙 1日すごしてみての感想や、
友だちからのコメント、
反省点などをかこう。

次のコーデに
いかしてね！

○月 ○日( )

今日のコーデ&ヘアは…

レッスン2　学校でのおしゃれ

○月 ○日( )

今日のコーデ&ヘアは…

月　日（　）

コーデ&ヘアのポイント

今日のコーデ&ヘアは…

月　日（　）

コーデ&ヘアのポイント

今日のコーデ&ヘアは…

レッスン3
シーン別おしゃれジャッジ

おでかけする日は、いつもよりかわいくなりたい！
シーンに合わせたコーデで、おしゃれマスターになろっ★

友だちとのおでかけはふたごコーデで！

カレをときめかせるデートコーデ♡

がんばる気持ちがわく習い事コーデ★

楽しげコーデでイベントへ！

シーン1 ふたごコーデ

仲よしの友だちとお買いものやおでかけに行くときはオソロを楽しむ「ふたごコーデ」で街の視線を集めちゃおう!

Before

ホントにふたごコーデのつもり!?

シンプルなTシャツが同じなだけで、ほかのアイテムはバラバラ。こんなふたごコーデは、ありがちアイテムがかぶっただけにしか見えないのでNG！(>_<)

ふたごコーデ Q&A

Q ふたりのシュミがちがうんだけど、どうしたらいい?

A インパクトのある柄のコーデちがいにチャレンジ!
(105ページへGO!)

Q ショートとロング、ヘアスタイルが真逆なんだけど!?

A オソロのヘアアクセで目立つ共通点をつくって!
(106ページへGO!)

アイテムをオソロに！

手首のシュシュはそれぞれ右手と左手に。ふたりの立ち位置も重要ポイント。

レッスン3　おしゃれジャッジ

スカートは形や色だけでなく、丈感もそろえてひざ上で合わせるとふたご感アップ↑↑

オソロになりそうなアイテムをふだんからチェック！

服も小物もまったく同じアイテムでキメたら、カンペキふたごコーデの完成！ ヘアアクセもそろえてみてね。

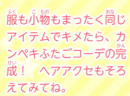

ハヤリのアイテムをチョイス！

103

トーンをオソロに！

色に変化をつけるなら、アイテムの形はできるだけオソロにね。

ロゴが大きいものを選ぶと、ポイントになるよ。

全身3色のコーデがおしゃれ!!

色の組み合わせで、何通りにも遊べるトーンマジック！

紺、赤、白で清潔感バッチリ

柄や素材をオソロに！

地味な柄だとオソロって気づいてもらえないから注意！

レッスン3 おしゃれジャッジ

ひとりじゃためらうハデな柄もふたりならOK！

同じアイテムじゃないから、シュミや体型がちがうふたりでもきまりやすい♥

生地の柄や素材を同じにして、コーディネートを変えるのがふたごコーデの上級編！

ワンピとトップスの変則コンビ

ふたごコーデの ランクアップ★

これなら すぐマネできるね

目立つアイテムにターゲットをしぼれば、かんたんにふたごコーデができちゃう！

ハヤリの最強アイテム④

★ ハデなバッグ

ビビッドなカラーのビッグサイズの リュックは、ふたごコーデの強い味方！

★ ニットキャップ

大きなポンポンつきやハデ色のものを 選んで、個性をアピールして。

★ 大きめヘアアクセサリー

リボンタイプの大きめカチューシャは、 ふたりでつければかわいさMAX♥

★ サングラス

ハート型や星型の遊び系サングラスは、 頭にのせるだけでオソロ感が出るよ。

テーマパークでグループコーデ！

Point！
ヘアアクセをそろえて、それぞれのイメージカラーを決めるのも楽しい！

レッスン3　おしゃれジャッジ

Point！
ボーダーTをオソロにしたよ！　色味だけそろえればOK。

Point！
ボトムスは、スカートやショートパンツなど変化をつけるのもアリ。

グループなら、ちょっとそろえるだけでもインパクト大！　カラーバリエーションで遊ぶなら、色をおさえるところ、目立たせるところを決めてメリハリをつけてね。

みんないっしょって楽しい♪

シーン2 デートコーデ

大好きなカレや仲よし男子とデートするなら、バッチリきめたいよね！ デートシーンに合わせたおしゃれで、会話もはずみそう♥

Before

着ていく場所を考えないと、ダサ子に！

あれもこれもとよくばりすぎると、もりすぎ女子のできあがり……。
気持ちはわかるけど、足し算ばかりじゃカレも引いちゃうよ！

デートコーデ Q&A

Q カレに子どもっぽいってよく言われる……。

A デートのときは、いつもとちょっとちがう大人系ファッションにトライしてみて。
(111、115ページへGO!)

Q 足が太くていつもかくしちゃう。

A たて長に見せることを意識して。いさぎよく足を出すほうがいいことも！
(112ページへGO!)

ベストオブ男子モテ！

白ワンピは、すけないように素材や下着に気を配るとGOOD！

おじょうさまコーデに、カレのリードも期待できちゃう!?

テーマは可憐。でも子どもっぽくはしないよ★

ふだんは持たないかもだけれど、あえてここはショルダーバッグで。

男子モテをねらうなら、人気はやっぱりワンピ！清潔感ただよう白のAラインでキマリだよ！

さわやかカラー＆小花モチーフ！

レッスン3　おしゃれジャッジ

アクティブデート

ロゴ入りニットは、スポーティーだけれど、女の子らしさも演出してくれるすぐれものだよ！

白の入ったアイテムを取り入れると、さわやかな雰囲気に！

公園や遊園地でのデートには、よそゆきすぎないおしゃれがぴったりだよ。

女子度高すぎがニガテな子も、トライしやすいよ

アクティブといってもパンツだとありきたり。ミニスカで元気ハツラツガールをめざそう！

明るめカラーで、脱ボーイッシュ★

ドキッとする大人コーデ

メインカラーをモノトーンでそろえるのが大人コーデのテッソク★

見なれない大人コーデに、カレもドッキリしてくれるはず♥

ボーダーを着こなせると、オシャレ上級者だよ！

足元はフラットパンプスでスウィートに。ポイントになるようにきれいめカラーを選んで。

ボーダー＋チュールスカートで大人かわいいをめざそう！ 大人っぽくしすぎると、ケバいコーデになるから気をつけてね。

パール風アクセで上品さをプラス♥

レッスン3 おしゃれジャッジ

カバーテク ⑧

してみたいコーデはあるのに、自信のなさがそのジャマをする!? おなやみ別カバーテクを紹介するよ!

レッスン3　おしゃれジャッジ

足を細く見せたい！

おなかをスッキリ見せたい！

手持ちのアイテムでも着こなし次第で理想体型に近づけちゃうよ！

ゆったりしたガウチョパンツは、足のラインを目立たなくさせる効果大！　それにプラスして、帽子をかぶったりトップスを柄ものにしたりすれば、足から目線を遠ざけられるよ★

ぽっこりおなかは、スカートのギャザー＆ベルトでカバーして。トップスをふんわりスカートにインすると見た目がX型になるので、スッキリ見えるよ。でも、ウエストインの位置が低くなりすぎると、おなかが目立っちゃうので注意！

コンプレックス カバーテク ❽

カレの前では かわいくありたい♥

背を高く見せたい！

背を低く見せたい！

視線をどこに集めるかで、こんなに印象が変わるよ！

トップスを短めにして、ウエストの位置を高めに見せよう。トップスが重く、長めだと、ずんぐり小さく見える原因になっちゃうよ！　そのほかにもニットキャップをかぶったり、服はたてストライプの模様を選んだりすれば、たて長ラインが強調できてイイ感じ。

すそのほうにラインやフリルなどアクセントがあるスカートをセレクトして、目線を下に誘導しよう。トップスは、白っぽい色×明るい色の重ね着で、すそからチラ見せしてね。上はシンプル、下はハデ。それに気をつければカンペキ♪

コーデテク次第でイメチェンできるよ

レッスン3 おしゃれジャッジ

かわいく見られたい！

大人っぽく見られたい！

気が強く見えちゃう……そんなおなやみがあるなら、**フリルややわらか素材、パステルカラーにチャレンジ**してみて。トップスがガーリーな分、ボトムスはシンプルに！

大人系をめざすなら、色味を使いすぎないこと★ ハデなプリントやロゴはさけて、水玉などのやさしい柄ではなやかさをプラスしてね。タイトめなスカートなら、お姉さんっぽさを出せるよ。

シーン3
習い事コーデ

習い事のときだってコーデにこだわりたい！通うのが楽しくなるヒミツは、それぞれの習い事の雰囲気に合ったスタイルを選ぶこと。

Before

このカッコじゃ、近所にふらっとでかけただけみたい

なんにも考えずに手にとった服を着るだけじゃ、いまいち気分がアガらない〜！

習い事コーデ Q&A

Q スポーツ系のレッスン、どうしたらかわいいコーデになる？
A スニーカーやキャップなどの小物づかいに気を配るとあかぬけコーデに！（118ページへGO!）

Q 塾にももっとおしゃれして行きたい！
A キリッとした優等生ファッションなら、勉強もがんばれちゃうかも★
（119ページへGO!）

ピアノ

After

→ 先生ウケバッチリの
おじょうさまスタイル

トップスは、あまいパステルカラーでやさしいイメージに。ヘアスタイルはハーフアップがおすすめだよ。

レッスン3 おしゃれジャッジ

上があまめカラーな分、下はダークカラーでぐっとひきしめるのがおしゃれのヒケツ。

いつもより
ピアノがうまく
ひけちゃうかも！

ピアノのレッスンなら、清潔感あふれる、おじょうさま風コーデでキメてみよう。どこかに白を取り入れるのがコツ！

白のつけえり×フレアスカートでキュートさ全開！

117

スイミングスクール

スウェットの上下セットアップなら、かんたんにおしゃ見え！ もちろん機能性もバッチリだよ。スカートやショートパンツを選んで。

着がえもスムーズな元気スタイル

フルジップなら着がえもラクラク

ニットキャップをかぶっちゃえば、帰りのヘアスタイルを気にしないですんじゃう！ 優秀なアイテムだよ。

カワカッコイイがスポーツカジュアルの合言葉だね！

キュートなアクティブスタイル

レギンスは黒だとふつうになりがち。カラフルでちょっとハデかな!? くらいがダンススタイルにはちょうどイイ感じだよ。

ダンススクール

すぐにでもおどりだせそうなコーデが◎。アイテムの色選びにあなたのセンスを光らせよう。ふだん着ない服にもチャレンジしてね！

スニーカーはハデ＆ゴツめに！

英会話

色づかいをポップにすれば、会話もポンポンはずみそう。元気いっぱいのアメカジファッションで明るさをアピールしよう！

プリーツスカートにラインソックス合わせはテッパン

カラフルな人気者スタイル

レッスン3　おしゃれジャッジ

あざやかなビタミンカラーで、ぐっと明るい印象に。黄×赤×青の3色をポイントにしてまとめたよ。

プレーンな色づかいのVネックニットは、制服ファッションのたよれる味方！シャツやブラウスを合わせてね。

塾

アフタースクールの優等生スタイル

制服っぽいコーデなんだけれど、フレッシュでポップ、がウリ。勉強にも力が入りそうな、デキるクラスの委員長風にしちゃおう！

ふつうの日にも着てみたい！

だてメガネで、やる気じゅうぶん！

シーン4 イベントコーデ

大事なイベントのコーデ、気合入っちゃうよね。だれからも「イケてる!」って思われるにはハズしちゃいけないポイントがあるよ。

Before

笑いはとれるけど、女子力はゼロ!!

イベントコーデでむずかしいのは、さじかげん。やりすぎると子どもっぽくなったり、コミカルになったりしちゃうから気をつけよう!

イベントコーデ Q&A

Q パーティーってなにを着ていけばいいの?

A どこかに遊び心をもたせたコーデがおすすめ。
(121ページへGO!)

Q お花見にさそわれたけど、いつもの服でいい?

A 春の風ににあう、ふんわりした素材できめてみて。
(123ページへGO!)

パーティーへGO！

After

持っているものをアレンジしてね

スカートがチュチュだと、はなやかになるよ。トップスはビスチェでキュッとしめて、現代のお姫様風に。

レッスン3　おしゃれジャッジ

🎃 ハロウィーンパーティー

🎄 クリスマスパーティー

ふわふわパーカー＆ショートパンツで、白ウサギをイメージしたキュートなコーデ。首元のリボンがインパクト大！

モコモコ定番ブーツはピンクで！

パーティーではセンスよく目立ちたいもの。ふだん着をアレンジしてコスプレ気分を楽しんじゃおう！

フェイクファーでゴージャスに

夏のイベントを120％楽しむ！

①おまつり

うす着になる季節。
下着がすけないよう
気を配ってね

花火大会

オールインワンの
ショート丈は、アク
ティブだけれど女の
子らしいかわいさを
演出してくれるよ！

洋風小物をアクセント
に。ゆかたは遊ばず、き
れいに着こなすほうがゆ
かた美人に見えるよ。

ストローハットは
夏に欠かせない！

ゆかたには
カンカン帽合わせで♪

夏イベントの定番、花火大会やおま
つり。人にちょっと差をつけるお
しゃれのコツをおぼえておこう！

気軽なおでかけにも手をぬかない

サイクリング

目を引くカラーのスニーカーやバッグに、デニムのサロペットで元気ガール★ 腰にまいたシャツは温度調節にもぴったり。

シフォンの小花柄ワンピに、Gジャンであまからミックス完成。足元はサンダルにくつ下を合わせて上品なイメージに。

お花見

レッスン3　おしゃれジャッジ

ボディバッグでスポーティーに

これで、いつ気になる男子に会ってもOK！

春のかごバッグで先取りおしゃれ

ちょっとしたおでかけだとうっかり気をぬいてザンネンなコーデででかけちゃうことも。近場だって、おしゃれして女子力アップ！

123

おしゃれコラム4 チャレンジ!! メイクでイメチェン★

10代は素肌でいるのが一番きれい。でも、いつもとちがうトクベツな日には、メイクでおしゃれを楽しむのもいいね!

目力アップ

まゆ毛を整えてスッキリ

はみ出しているまゆ毛は毛ぬきでぬいてもいいけれど、ぬきすぎるとダサいので注意!

1
まゆ毛の色に近い、まゆペンシルで毛のまばらな部分や足りない部分を少しずつかき足そう。

2
まゆ毛用のブラシで毛にそって、なでるようにぼかしてね。左右が同じ形になるように整えよう。

アイシャドウで目元パッチリ

1
明るい色のアイシャドウをアイシャドウチップで、まぶた全体にぬるよ。ベージュ系がおすすめ。パール入りだとキラキラするよ。

2
まつ毛のはえぎわには、濃い色のアイシャドウをチップで細く入れよう。色はブラウンが合わせやすい!

メイクをする前に必ずおうちの人に相談してね。メイクではだあれすることもあるよ。94〜95ページのスキンケアをしてからはじめよう。

ビューラーでまつ毛をくるん

まず、鏡を下に置こう。あごを軽く上げて、視線だけ鏡に向けてまつ毛のはえぎわが見えるようにしてね。まぶたをビューラーではさまないためにはこの姿勢が大事。
そのままの姿勢で、ビューラーでまつ毛の根元を軽く、2〜3回はさもう。位置を変えてはさむやり方もあるけれど、まつ毛がヘンなところで曲がることもあるので、なれないうちはこのやり方が一番！

レッスン3　おしゃれジャッジ

とうめいマスカラでまつ毛のカールをキープ

とうめいマスカラは、マスカラの口でブラシをしごいてから使おう。まつ毛の根元から毛先に向かって、左右に動かしながらつけよう。真ん中→目頭→目じりの順につけていこう。

やりすぎないことが大事

メイクは、はだにふたんをかけるもの。メイクをするときは、ナチュラルメイクを心がけてね。色を濃くするとハデすぎる顔になっちゃうよ。明るい場所で鏡を見てチェックしてね。

次はチークとリップ！

印象を明るく
チークでイキイキとした表情に

大きめのブラシにチークの粉をつけたら、ティッシュの上で軽くはらって、よぶんな粉を落とそう。

ほおの高い位置に、ブラシでチークを丸くはらいながらつけるよ。ほんのり色がつくまで何回かくり返そう。目元や口元、顔の横などにチークを広げると不自然なので、入れる位置には気をつけて。

リップクリームとグロスで
うるっとくちびるに

色つきリップなら
グロスは
とうめいに★

色つきリップクリームをくちびるにぬろう。

立体感のあるくちびるにしてくれるとうめいグロスを下くちびるの真ん中にのせてね。そこからブラシを左右に動かしてのばそう。ベタベタのくちびるにならないようにつけすぎに注意してね。

メイク落としは美人のはじまり

つるつるのはだをキープするには、
メイクをきれいに落とすことが大切！

メイク落としもはだにふたんをかけるもの。メイクに合わせてメイク落としの種類を選んでね。まゆ毛やチークくらいなら、クリームタイプや洗顔もいっしょにできるタイプ（ダブル洗顔不要）のメイク落としがおすすめ。

メイク落としを適量手のひらにとったら、指のはらでくるくるとなじませていくよ。おでこと鼻すじに広げ、ほお、あご、目元、口元と顔全体にやさしくなじませ、ぬるま湯ですすいでね。ダブル洗顔不要のメイク落とし以外はその後で洗顔しよう（→94ページ）。

こすらず、すばやくが正解！

アイメイクはしっかり落とそう！

マスカラやアイシャドウなどは落ちにくいので、オイルタイプのメイク落としで最初に落とすよ。コットンにメイク落としをふくませ、目元にのせてね。メイクがにじんできたら、そっとぬぐおう。ここで全部落としきらなくても大丈夫。このあとで、上のように顔全体のメイクを落としてね。

レッスン3　おしゃれジャッジ

おしゃれコラム5 チャレンジ!! ネイルでイメチェン★

ネイルってあこがれるよね。トクベツな日は、つめまでおしゃれにきめてみよう！

ネイルの基本

まずはきれいなマニキュアのぬりかたをおぼえてね。

1
まずはつめを保護するための下地、ベースコートをぬるよ。ぬり方はつめの中央から。その後両はしをぬってね。美しい仕上げのためにも欠かせないよ。

2
ベースコートがかわいたら、マニキュアで同じようにつめの中央→両はしとぬっていこう。軽くすばやくぬるのがきれいにぬるコツ。

3
マニキュアがかわいたら、最後に同じようにトップコートをぬろう。ネイルを長持ちさせたり、つやを出したりするためだよ。

ポイント！
マニキュアをぬるときは、はけをびんの口でしごいてね

かんたんネイルアート

 の後に、ちがう色で模様をつけるとはなやかになるよ！

ドットネイル

つまようじの太いほうにマニキュアをつけ、スタンプしてみて。真ん中のドットからはじめて、同じ間かくでかくかくとバランスよくなるよ。

花柄ネイル

同じようにつまようじを使ってドットをかき、真ん中にちがう色でドットをかけば、花のできあがり。

手入れのされた指だと、ネイルアートもはえるよ。ふだんはこのお手入れでじゅうぶん！

つめみがきは、つめがうすくなってしまうので、やりすぎはダメ！

レッスン3 おしゃれジャッジ

つめきり

つめの先を最初に切ってね。その後、角を切るよ。つめやすりで、とがっているところを丸く整えるときれいだよ。

つめみがき

つめみがきはつめをピカピカにする道具。目のあらさがちがうものがセットになったものがおすすめだよ。目のあらいほうでつめ表面をなめらかにし、細かいほうでみがこう。つめの根元から先まで左右になでるように動かすよ。

※商品によって使い方がちがうから、商品の説明をよく読もうね。

ネイルアートをしたら、美しいつめを保つためにもきちんと落とそう。

マニキュアを落とすためには、除光液を使うよ。コットンに除光液をたっぷりとしみこませてね。

つめにコットンをのせて30秒くらい待とう。それからコットンをおさえながら指先のほうへさっと動かし、ふきとるよ。

ゴシゴシこするのはつめをいためる原因に。たっぷりの除光液ではやく落とそう。ハンドクリームなどで保湿するのもわすれずに！

おしゃれコラム6 気をつけるだけでかわいさアップ

女子力をアップしたいなら、笑顔や姿勢を意識してみて。
それだけで表情や体つき、雰囲気までも変わってくるよ。

笑顔

きれいな笑顔は人をひきつけるよ。まずは鏡の前で、一番の笑顔をして、自分の笑顔をチェックしてみよう。

笑顔チェック

☐ **目が笑っている**
目が笑っていない笑顔はこわいよ。口元をかくしても笑顔だとわかるくらいにするのが大切。好きなことや楽しいことを思い出して笑ってみよう。

☐ **口のはし(口角)が上がっている**
思った以上に口角は上がらないもの。顔の筋肉もきたえないと、うまく動かないよ。「ハッピースマイルトレーニング」をしてみてね。

☐ **左右の口角の高さがいっしょ**
左右で高さがちがうとぎこちない笑顔に。高さがいっしょになるように気をつけてみよう。

☐ **上の歯が6本以上見えている**
歯が見えるとかわいい笑顔に。歯ぐきや下の歯が見えると、あまり上品ではないので、上の歯だけを見せよう。

ハッピースマイルトレーニング

鏡を見て、「あー」と思いっきり口をあけて5秒。「いうえお」も同じようにやってね。「い」の口の形から口角を上げるときれいな笑顔になるよ。何度もチャレンジしてね!

正しい姿勢を意識するとスタイルアップにつながるよ。
全身がうつる鏡の前で姿勢をチェックしてね。

姿勢チェック

立つ

□ **顔は前に、あごを引く**
正面を向いて、あごを引き、頭から上につられているような気持ちで立とう。

□ **肩はまっすぐ**
肩の力をぬいて、うではまっすぐにおろそう。

□ **背すじはまっすぐ**
背中を壁につけて立ったときに、上のほうは壁についていて、腰と壁の間には、手をさしこめるくらいが正解。

□ **おしりやおなかに力を入れている**
筋肉がないと体を支えられないよ。おしりをしめ、おなかを引っこめるように力を入れてね。

□ **ひざの内側とかかとは左右がくっついている**
ガニマタにならないように、内ももに力を入れて、左右の足をぐっと引きよせて。

□ **横から見て、耳・肩・腰骨・くるぶしが線上にならんでいる**
どこかが線上からはみ出しているようならゆがんでいるので、まっすぐにしてみて。

すわる

□ **背すじがのびている**
ねこ背にならないように、注意！背もたれによりかかるのもダメだよ。

□ **ひざは直角に曲がっている**
足を引っこめたり、組んだりは体をゆがませる原因になるよ。

□ **いすに深く腰をかけている**
おしりは背もたれにくっつくくらいにすわろう。背中がまっすぐになりやすいよ。

写真をとるときのワンポイントテク

写真をとるときも姿勢と笑顔に気をつけて。あごは引いて、顔を手やサイドの髪で少しかくすと小顔に見えるよ★

レッスン3 おしゃれジャッジ

おしゃれコラム7 さわやかガールのチェックリスト

おしゃれの基本は清潔感。いくらコーデがステキでも、だらしないとガッカリ。おでかけ前にチェックしてね。

身だしなみCHECK!!

- ☐ 歯みがきはバッチリ？
- ☐ 顔はあらった？
- ☐ 髪はみだれていない？
- ☐ 服にしわはない？
- ☐ 服はよごれていない？
- ☐ くつはよごれていない？

後ろ姿も鏡でかくにん☆

持ちものCHECK!!

- ☐ ハンカチ
- ☐ ティッシュ
- ☐ リップクリーム
- ☐ ハンドクリーム
- ☐ ヘアゴム
- ☐ 鏡
- ☐ ブラシ
- ☐ ばんそうこう

着まわし力を高めるには、自分の持っている服をちゃんと知ることから。

マイ クローゼット

持っているものをきちんと知っておくと、コーデを考えるときにとってもべんり。新しく買い足すときにも何に合わせるかわかりやすくなるよ

レッスン3 おしゃれジャッジ

134〜142ページの使い方

1 クローゼットの中をかくにん＆見直し

まずは、自分が持っている服やアクセサリー、くつなどを全部チェック。着られなくなった服はないかな？　おうちの人に聞いてから、すてたりだれかにあげたりしてね。

2 アイテムをかきだす

チェックした服などを、134〜141ページに絵や文でかいてみよう。たくさんある場合は、本をコピーしたり、よく使うものを優先してかきだしたりしてみて。種類や季節、色でわけると使いやすいよ。

かきこみ例

トップス　Tシャツ

・そでにフリル
・丈は長め

3 リストを見ながらコーデを考える

コーデが決まらないときや、新しいコーデにチャレンジしたいときに活用してね。かんたんに見返せるし、想像もしやすいから、おしゃれが楽しくなるよ。新しく買い足すときには、どれに合わせて着るかを考えて、142ページにメモしてね。

クローゼットも頭もスッキリさせてね

133

トップス

Tシャツやシャツ、タンクトップなどを種類別にかいてね。

レッスン3　おしゃれジャッジ

ボトムス

スカートやショートパンツ、パンツなどを種類別にかいてね。

レッスン3　おしゃれジャッジ

ワンピース

ワンピースやチュニックなどを種類別にかいてね。

アウター　コートやジャケットなどを種類別にかいてね。

レッスン3　おしゃれジャッジ

くつ

くつやサンダル、ブーツなどを種類別にかいてね。

アクセサリー　ネックレスやブレスレット、ヘアアクセサリーなどを種類別(しゅるいべつ)にかいてね。

レッスン3　おしゃれジャッジ

コレがほしい！買い足しメモ

これから新しく買いたいものをメモしておこう。雑誌の切りぬきをはってもいいよ。今持っている服とのコーデを考えてみてね★

ムダがなくなって女子力も高まるよ

レッスン4
ボディのなやみ

めまぐるしく変化する思春期の体。いろいろなやんじゃうけれど、みんな同じだよ！ いっしょに乗りこえよう★

胸や生理のこと知りたいな

細くなりたい!!

もしかしてくさい？ 毛深い？

女の子はなやみがいっぱい！

毛深いかも……
→152ページへ

生理がきたっ!!
→150ページへ

あせ・ニオイが気になる
→145ページへ

胸がふくらんできた
→148ページへ

スタイルをよくしたい！
→146ページへ

あせ・ニオイが気になる

なやみ 1

ちゃんとケアすれば大丈夫！

あせはだれでもかくものだけれど、「自分だけあせっかき？」「わたし、におうかも？」ってなんとなく不安になっちゃうよね。でも、ふだんのケアをきちんとすれば心配はいらないよ。

あせとニオイの関係

あせをかくことは、体温を調節するために大切なことなんだ。あせ自体はにおわないから安心してね。でも、あせをそのままにしておくと、雑菌がふえてにおいが出てきちゃうよ。

毎日清潔に保とうネ！

頭 頭はあせをかきやすく、髪の毛でニオイもこもりやすいよ。あらっていないところがないように、ていねいにシャンプーして、すすぎはしっかりとしてね！

口 虫歯や歯にたまったよごれは天敵！ 1日数回の歯ミガキに加えて、歯と歯の間にデンタルフロスを通す、舌のよごれを取りのぞく、歯の定期健診に行くなどのお口のケアが大切だよ。

わき わきもあせをかきやすい場所だよ。かいたあせは、雑菌がふえる前にあせふきシートなどですぐふきとって！ そのほかにもはやめの着がえや、制汗スプレーもためしてみてね。

足 ニオイの原因は、足やくつ、くつ下！ 足の指の間もきれいにあらってね。くつも清潔を保とう。また、くつ下のかえを持っていく、フットスプレーを使うなどでニオイの発生をふせごう。

レッスン4 ボディのなやみ

なやみ 2 スタイルをよくしたい！

モデルさんみたいな、スレンダーな体型ってあこがれちゃうよね！　どうしたらスタイル美人になれるかな？

Life Style

●体を動かそう

テレビやスマホにかじりついてばかりで体を使わないと、食べた食事のカロリーが消費されないよ。ふだんから外で遊ぶ、ウォーキングするなど積極的に体を動かそう。はげしい筋トレは必要なし！

本当のスタイル美人って？

体重や細さだけにとらわれてダイエットすると、成長がとまったり、病気になったりすることも。本当のスタイル美人は、健康的で顔色がよく、ほどよい筋肉がついていて、ひきしまった体つきの人のことだよ！

●睡眠時間はたっぷりと

キレイを手に入れるためには睡眠が大事。体を発達させ、はだや髪の毛の美しさを保つ成長ホルモンは夜寝ている間につくられるんだ。それに寝不足だと、便秘がちになっておなかがぽっこりなんてことも。おそくとも夜10時にはベッドに入ってぐっすりねむろう。

ちゅうい!!

10代は体が成長している時期だから、ムリなダイエットはNG。急にやせようとすると、はだもあれるし、生理（→150ページ）の周期がみだれるなど、キレイからも遠ざかる結果に。しっかり食べて、体を動かして、いっぱい寝てスタイルアップをめざそう!!

●姿勢は正しく

ねこ背だとスタイルがよく見えないばかりか、おなかの筋肉が弱くなりウエストまわりに脂肪が……。正しい姿勢をキープするだけで、太りにくい体をつくることができるんだよ。正しい姿勢は131ページをチェック！

●やせて見えるファッションを

体型のなやみをカバーできる、着やせコーデもぜひためしてみて。ちょっとしたコツをおぼえておけば、洋服でスタイル美人が完成しちゃうよ。112〜113ページを見てね。

スタイル美人になるポイント

● 1日3回 バランスのいい食事を

大人になるために骨や筋肉などが成長している時期だから、スキキライをせずに、必要な栄養素を毎日の食事からとろう。和食中心だと、よりヘルシーだよ★ 1食ぬきや、1品だけを食べ続けるようなかたよったダイエットは絶対やめてね。

● 早食い・寝る前食いはNG

人は「おなかいっぱい！」と感じるまでに15〜20分くらいかかるといわれているよ。短時間で食べると、食べすぎにつながるし、胃や腸にもふたんがかかっていいことなし。また夕飯は、寝る3〜4時間前にはすませておくのがベスト。規則正しい生活がおくれるよ。

● おかし・ジュースはひかえめに

おかしやジュースは太るもと。でも、ガマンしてストレスがたまっちゃいそうなときは、糖分や油分の高いおかしはさけて、自然素材を使ったものを選んで。ジュースも果汁や野菜100％のものが◎。どちらにしてもカロリーは高いものが多いので、量はひかえめにね。

レッスン4　ボディのなやみ

胸がふくらんできた

胸（バスト）がふくらんでくると、とまどうかもしれないけれど、大人の女性の体へと変わっている印。体の成長に合わせて下着を選ぼう。

胸がふくらむのはどうして？

第二次性徴

思春期になると、女性ホルモンがたくさんつくられ、体に女性らしい特徴が出てくるよ。この特徴を「第二次性徴」というんだ。胸がふくらむのもそのひとつで、将来赤ちゃんにおっぱいを飲ませるため、母乳をつくる「乳腺」が発達するからなんだ。

乳房のしくみ

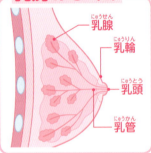

乳腺
乳輪
乳頭
乳管

第二次性徴
そのほかの体の変化

・わき毛や陰毛が生える
・おしりが丸くなる
・生理がはじまる
（→150ページ）

[ブラデビューのめやす]

- 服の上から見て胸がふくらんできた
- バストの先が服にこすれていたい、かゆい
- 動くとバストのゆれが気になる
- 生理がはじまった

成長は個人差があるからあせらないでね

基本の ブラレクチャー

ブラジャーを買うときはおうちの人や店員さんと相談して、成長に合ったタイプのものを、ジャストサイズで選ぼう。正しいつけ方もおぼえてね！

種類はいろいろ

ブラトップ
バストの先が出てきて、ふくらみかけのときに。バスト部分がふんわりしていて、タンクトップ感覚でつけられるよ。

カップブラ
ふくらみが大きくなったら、バストをつつみこむように安定させるカップブラがおすすめ。ふくらみはじめは、ワイヤーが入っていない、しめつけのないタイプを選んで。

スポーツブラ
後ろのホックがないタイプが多く、バックスタイルがスッキリ。スポーツをするときに動きやすいようにデザインされているよ。

ブラを買うときのポイント

★おうちの人と相談
ブラジャーがほしいなと思ったら、はずかしがらずにおうちの人にまず相談をしようね。このページを見せるのもおすすめ！

★正しく測って！
店員さんにサイズを測ってもらい、試着しよう。肩ひも（ストラップ）を調節できるタイプは、肩にくいこまない長さに調節してね。バストの成長に合わせてタイプやサイズも変えていこう。

正しいつけ方

❶肩ひもに手を通し、バストにあてたら前かがみになってカップにバストを入れる。
❷両手で後ろのホックをとめる。
❸姿勢をもどして片側のカップの中に、反対側の手を入れて、バストがきちんとおさまるようにする。
❹鏡の前で、カップにすきまがないか、ういていないかなどをチェックする。

レッスン4　ボディのなやみ

生理がきたっ!!

女の子の成長の中でも大きな変化が、はじめての生理。大人に近づいている証拠で、とっても自然なことだから、不安にならなくても大丈夫！

生理のしくみ

将来、赤ちゃんのお部屋になる「子宮」。子宮は、だいたい1か月かけて赤ちゃんを育てる準備をするよ。赤ちゃんができないと、準備したものが体の外へ出ていくよ。それが月に1度くる、「生理（月経）」。出てくるものを「経血」というんだ。

子宮内膜
子宮の内側にある、赤ちゃんのためのふとんのようなもの。月に1度、赤ちゃんをむかえるために厚くなって、使われないとはがれ落ちて体の外へ。

子宮
赤ちゃんがお母さんから栄養をもらいながら、受精卵からヒトへ成長する部屋。

女の子の体〔内性器〕

卵巣
赤ちゃんのもとになる卵子をつくる。女の子の卵子と、男の子の精子が出あうと受精卵になるよ。

卵管
月に1度、卵巣から飛びだした卵子が、ここを通って子宮へいくよ。

膣
子宮と体の外をつなぐ道。経血はここから出て、赤ちゃんもここを通って生まれるよ。

ひと言アドバイス

ママ
むかしからはじめての生理がきたら、赤飯をたいて家族でお祝いするくらいうれしいこと。センパイとしてなんでもサポートするよ

養護の先生
学校で急に生理がきたり、おなかがいたかったりしたとき（生理痛）は、まよわないで気軽に相談してくださいね

生理のギモンあれこれ

女の子はみ〜んなが経験することだよ

Q 生理ってみんな同じ日にくるの?

A 生理の期間と周期は人それぞれ

経血が出る期間はだいたい3〜7日間、次の生理がくるまでの周期は25〜38日がめやすだけれど、これは人によってさまざま。最初の生理(初潮)から周期が安定するまでには時間がかかるよ。記録をつけておくと、後で自分の周期がわかりやすいよ!

Q ナプキンの種類ってどう選べばいいの?

A 時間帯や生活スタイルで使いわけて

昼用や夜用、多い日用や少ない日用、羽ありや羽なしなど、大きさや形がいろいろあるからまずはおうちの人に相談してみて。自分の経血量や生活に合わせたものを使おう。

ナプキンのほかに、膣内に入れて経血を吸収させるタンポンもあるよ。

Q 「おりもの」ってなに?

A 膣など性器から出る液体だよ

膣内などから出る分泌物で、膣に細菌が入らないようにする役割も。本来は無色か少し白っぽい色だけれど、下着についたときに黄色っぽく見えることがあるよ。生理前に量がふえることが多いから、気になるときはおりものシートを使ってね。

Q おふろに入ってもいい?

A 家なら大丈夫!

湯船に入ると体に水圧がかかるので、基本的に経血は出ないとされているよ。家のおふろなら入ってもOK。ぬるめのお湯につかると、生理痛がやわらぐことも。生理中はナプキンでムレたり、雑菌がふえやすくなったりするから、清潔に保つように心がけてね。

Q 生理のときはふだんと同じ服装でいい?

A もしものときを考えて

生理用ショーツをはいてね。それでも、経血がモレて洋服についちゃうことがあるかも。もしものとき用に、なるべく濃い色の服を着るとか、着がえを持っていると安心。そしておなかや足を冷やさない格好が◎。女の子っていろいろとタイヘン!

レッスン4 ボディのなやみ

なやみ 5 毛深いかも……

夏場や体育の時間、うでや足の毛が気になるって子は多いみたい。みんなどうしているのかな〜ってなやんじゃうよね。

ホントに毛深い?

成長ホルモンが活発に働く時期だから、それまでふわふわしていた産毛が、濃くなったように感じるかも。でもまだ成長のとちゅう。自分が毛深いって決めつけないでね。気にしすぎると何ごとも消極的になっちゃうよ。

> 毛になやまされるなんてもったいない!

どうしても気になるときは?

わき毛が生えてきたら 洋服でカバー

もし、わき毛が生えてきたら……問題は夏。タンクトップやノースリーブのトップスはさけて、わきが見えない半そでTシャツにするといいね。

いろいろあるけれど…… 子どものうちはそるのがベター

ムダ毛の処理方法はいろいろあるよ。でも、子どもにとっては安全性が低かったり、お金がかかったりすることが多いから、どうしても気になるときには、そるのがベター。くわしくは次のページを見てね!

カミソリでそるときは……

●おうちの人に相談して

使うものは刃物だから、ひとりで勝手にやるのはキケン。まちがった使い方は、はだのためにもよくないから、必ずおうちの人に相談し、やってもらうか、つきそってもらおうね。

●安全なカミソリを使おう

そるときには、女性用の安全カミソリを使ってね。もしおうちの人が女性用の電気シェーバーを持っていたら、そっちのほうがはだをいためにくいから、かしてもらうといいね★

●はだあれ対策を

かわいたはだに刃物をあてると、はだあれの原因に。そる前にシェービングクリームなどをぬってから、毛の流れにそってやさしくそろうね。そった後は、ボディクリームなどで保湿しよう。

●どうしてもそりたいときだけに

気をつけていても毛をそると、はだをいためるよ。のちのち黒ずみの原因になることも！ そる回数はへらして、気になるわきやうでを出すときだけにしようね。

> 気持ちはわかるけど安全第一！

ムダ毛のギモン？

Q ぬいたほうがきれいになる気がする

A 毛穴が目立っちゃうことも

毛ぬきを使うと、いたいことが多いよ。それに、毛をぬいて開いた毛穴に雑菌が入って、炎症を起こす心配も！ ぬき続けることで、かえって毛穴が目立つおそれもあるからやめておこう。

Q 口のヒゲはどうしたらいい？

A 顔だから産毛でも気になるヒゲ。鏡を見ながら、女性用のフェイスシェーバーを使ってね。カミソリなら顔専用のものを。そる場所に合わせた道具を使うことが大事なんだ。

レッスン4 ボディのなやみ

おしゃれコラム8 おしゃれは内側から 女子力アップ ココロ編

心がステキな人は、だれからも好印象★
相手も自分も楽にすごせるヒケツでもあるよ。

前向きな考え方

明るく、楽しい雰囲気にしてくれる人っていいよね。どんなことも楽しめるところをさがして、ポジティブに行動してみて。「こんなのヤダ」「やりたくない」なんて言葉は運気を下げちゃうよ。

聞き上手

話を聞いてくれる人には、なやみごとや相談ごとをうちあけたくなるもの。そばによりそい、話に合わせてあいづちをうつと、相手も話しやすくなり、スッキリした気分になってくれるはず。

悪口を言わない

悪口ってもりあがるかもしれないけれど、自分が言われたらイヤな気持ちになるはず。悪口大会になりそうなときは、「ふーん」と気のないそぶりや、話を変えるなどして、にげまくれっ。

気づかいができる

さみしそうにしている子がいれば話しかける、こまっている人がいれば助けるなど小さなことでじゅうぶん。やさしい人が近くにいるならお手本にしてみて。

まわりをよく見る

まわりがどんな動きをしているのかを見るようにすると、自分がどうやって行動したほうがいいのかわかるし、次に起こることも予想しやすくなるよ。

相手の立場で考える

「相手ならどうするのか」を想像して、会話や行動をしてみて。たとえ、想像が実際とはちがっていても、人を理解しようという気持ちをわすれないのが、ステキ女子のヒケツ！

感謝の気持ちを大切に

「ありがとう」と言われるとうれしいもの。何かを助けてもらったときには「すみません」ではなく、感謝の言葉を！はずかしがらずに、笑顔で言ってね。

いつも笑顔

笑顔って人を幸せにするし、自分も幸せな気分になるよ。笑顔は、ハッピーをよびこむ最高の魔法。好印象な笑顔をめざして、130ページもチェックしてね。

レッスン4　ボディのなやみ

ときどき今の自分を見直すようにすると、女子力がさらに上がるよ。

もっと女子力アップ！

今の自分に当てはまるものにチェック！ チェックできなかったところは、前のページにもどってもう1回チャレンジしてね。

- □ 自分ににあうコーデを見つけた！（→16ページへ）
- □ 自分の顔型を知っている（→30ページへ）
- □ 顔型を考えた髪型にした（→34～38ページへ）
- □ 自分のミリョクは〇〇と言える（→39～51ページへ）
- □ 着まわしを楽しんでいる（→60ページへ）
- □ 基本のヘアアレはマスターした♥（→65、69、73、77、81、84ページへ）
- □ いろいろなヘアアレにチャレンジした（→66、70、74、78、81ページへ）
- □ 行事があるときは、いつもとちがう髪型にしてみた（→88ページへ）
- □ 毎日ていねいにスキンケア＆ハンドケアしている（→94ページへ）
- □ シーンに合わせておしゃれを楽しんでいる（→102、108、116、120ページへ）
- □ メイクのコツがわかってきた（→124ページへ）
- □ つめ先まで気をつかっておしゃれしている（→128ページへ）
- □ 自然にきれいな笑顔や正しい姿勢がつくれる（→130ページへ）

- ☐ 外出前に身だしなみや持ちものチェックは欠かさない
  (→132ページへ)
- ☐ クローゼットの中に何があるかもちろん知っている (→133ページ)
- ☐ 体のなやみはなくなった (→144ページへ)
- ☐ 心の女子力も上がった (→154ページへ)

レッスン4　ボディのなやみ

最後に、54〜56ページを
もう一度見てみよう。
今の自分は、なりたい自分になれていたかな？
理想はどんなふうに変わったかな？
今の自分とさらに未来の自分のプロフを
もう一度かきだしてみるといいよ。
そうやってくり返して、女子力を
どんどん上げていってね♥

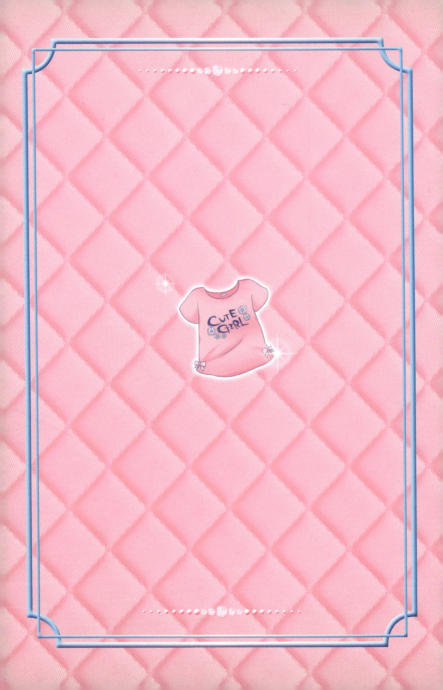

ここまで読んだあなたの女子力は

ゼッタイ上がっているはず！

中にはこんなことできない……と

思うこともあったかもしれないね。

ムリにがんばる必要なんてないから、

自分にできることからチャレンジしてみてね。

女子力を上げるというのは

自分を成長させること。

今のあなたの努力は、未来につながっているよ！

あなたがますますステキにかがやけますように♥

- ❤ 装丁イラスト　　　（表）立樹まや、（裏）水鏡なお
- ❤ 漫画・キャラクター　水鏡なお
- ❤ 本文イラスト　　　あさか、石川沙絵、イチノセ奏、うさぎ恵美、
  佳奈、くうねりん、さくらしおり、沙倉もか、
  ソウノ、ちゅ、ねむりねむ、poco、瑞樹しずか、
  MIWA★、ももいろななえ
- ❤ スタイリング　　　坂本由布子
- ❤ ヘアメイク　　　　市川良子
- ❤ デザイン・DTP　　レッドセクション（横山恵子）
- ❤ 執筆・編集協力　　兼子梨花、五明直子、田中真理、糸井康友
- ❤ 編集協力　　　　　株式会社チャイルドコスモ

おしゃれガールをめざせ！
女子力アップレッスン帳

2016年4月27日　第1版第1刷発行
2017年3月16日　第1版第3刷発行

編　者　キラキラリサーチ委員会
発行者　山崎　至
発行所　株式会社PHP研究所
　　　　東京本部　〒135-8137　江東区豊洲5-6-52
　　　　　　　　　児童書局　出版部　TEL 03-3520-9635（編集）
　　　　　　　　　　　　　　普及部　TEL 03-3520-9634（販売）
　　　　京都本部　〒601-8411　京都市南区西九条北ノ内町11
　　　　PHP INTERFACE　http://www.php.co.jp/
印刷所
製本所　図書印刷株式会社

©PHP Institute, Inc. 2016 Printed in Japan　　　　　ISBN978-4-569-78545-5
※本書の無断複製（コピー・スキャン・デジタル化等）は著作権法で認められた場合を除き、禁じられています。
　また、本書を代行業者等に依頼してスキャンやデジタル化することは、いかなる場合でも認められておりません。
※落丁・乱丁本の場合は弊社制作管理部（TEL 03-3520-9626）へご連絡下さい。
　送料弊社負担にてお取り替えいたします。